ANNÉE 1921

THÈSE
POUR
LE DOCTORAT EN MÉDECINE

462

PAR

Henri CODET
Interne des Hôpitaux de Paris

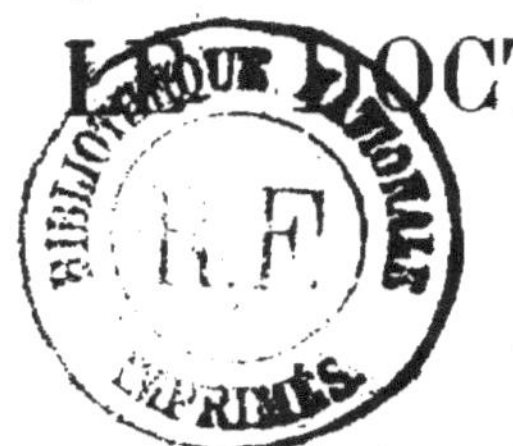

ESSAI
SUR
LE COLLECTIONNISME

Président : **M. DUPRÉ**, *professeur*

PARIS
IMPRIMERIE DE LA FACULTÉ DE MÉDECINE
JOUVE & Cⁱᵉ, ÉDITEURS
15, rue Racine, 15

1921

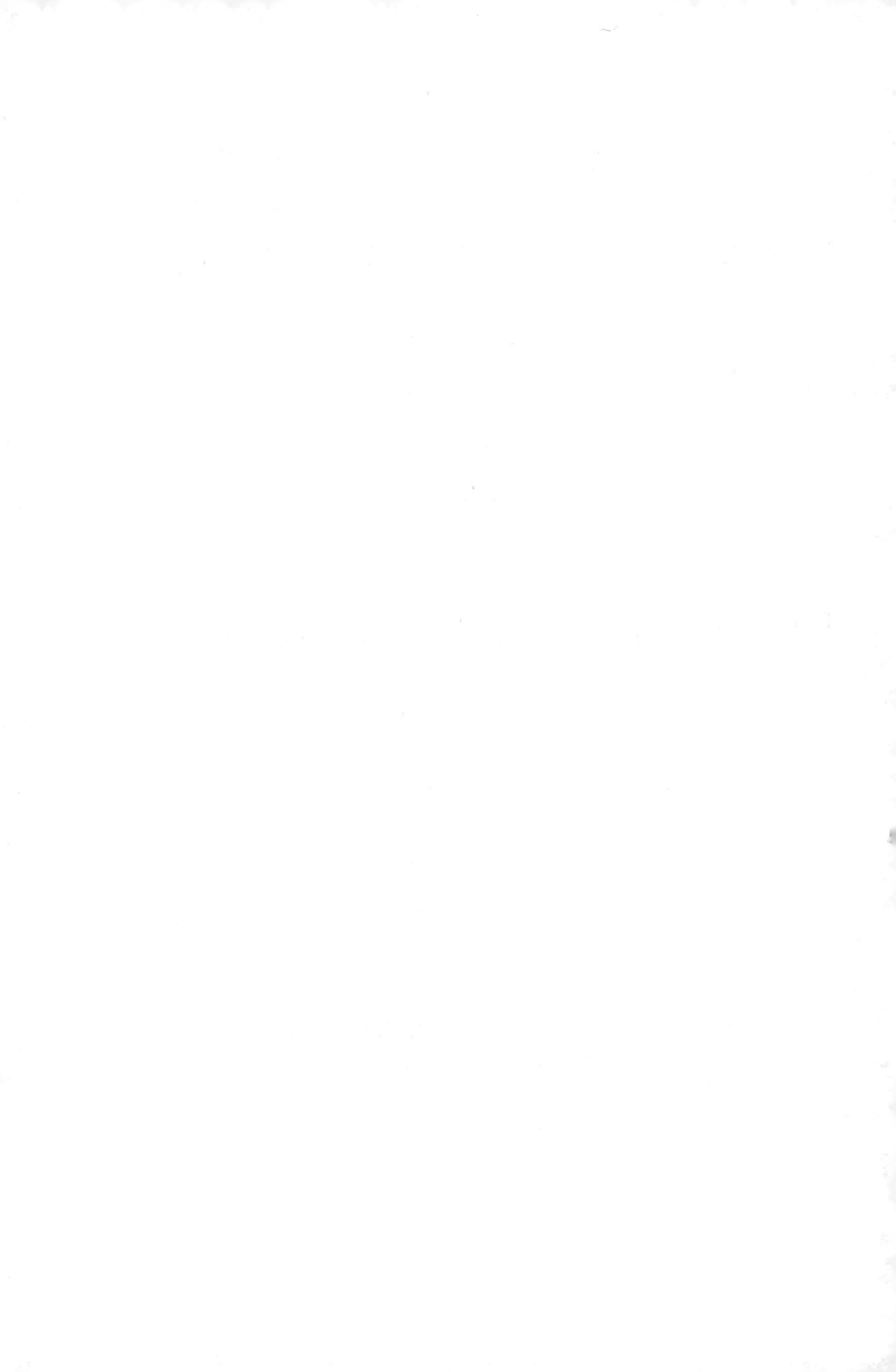

FACULTÉ DE MÉDECINE DE PARIS

ANNÉE 1921

THÈSE

N° 62

POUR

LE DOCTORAT EN MÉDECINE

PAR

Henri CODET

Interne des Hôpitaux de Paris

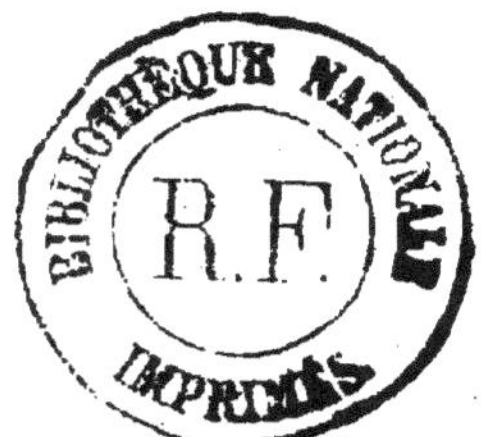

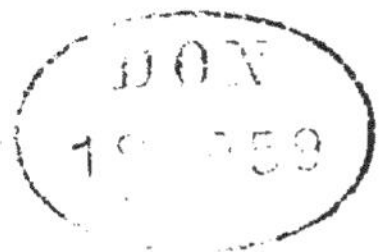

ESSAI

SUR

LE COLLECTIONNISME

Président : **M. DUPRÉ,** *professeur*

PARIS

IMPRIMERIE DE LA FACULTÉ DE MÉDECINE

JOUVE & Cie, ÉDITEURS

15, rue Racine, 15

1921

FACULTÉ DE MÉDECINE DE PARIS

LE DOYEN : M. ROGER
ASSESSEUR : G. POUCHET
PROFESSEURS

MM.

Anatomie	NICOLAS
Anatomie médico-chirurgicale	CUNEO
Physiologie	Ch. RICHET
Physique médicale	André BROCA
Chimie organique et Chimie générale	DESGREZ
Bactériologie	BEZANÇON
Parasitologie et Histoire naturelle médicale	BRUMPT
Pathologie et Thérapeutique générales	Marcel LABBÉ
Pathologie médicale	RENON
Pathologie chirurgicale	LECENE
Anatomie pathologique	LETULLE
Histologie	PRENANT
Clinique thérapeutique chirurgicale	Pierre DUVAL
Pharmacologie et matière médicale	POUCHET
Thérapeutique	CARNOT
Hygiène	BERNARD
Médecine légale	BALTHAZARD
Histoire de la médecine et de la chirurgie	MENETRIER
Pathologie expérimentale et comparée	ROGER
Clinique médicale	ACHARD / WIDAL / GILBERT / CHAUFFARD
Hygiène et clinique de la 1re enfance	MARFAN
Clinique des maladies des enfants	NOBECOURT
Clinique des maladies mentales et des maladies de l'encéphale	DUPRÉ
Clinique des maladies cutanées et syphilitiques	JEANSELME
Clinique des maladies du système nerveux	Pierre MARIE
Clinique des maladies contagieuses	TEISSIER
Clinique chirurgicale	DELBET / GOSSET / LEJARS / HARTMANN
Clinique ophtalmologique	De LAPERSONNE
Clinique des maladies des voies urinaires	LEGUEU
Clinique d'accouchements	BAR / COUVELAIRE / BRINDEAU
Clinique gynécologique	J.-L. FAURE
Clinique chirurgicale infantile	Auguste BROCA
Clinique thérapeutique	VAQUEZ
Clinique d'Oto-rhino-laryngologie	SEBILEAU

AGRÉGÉS EN EXERCICE

MM.

ABRAMI	DUVOIR	LARDENNOIS	RATHERY
ALGLAVE	FIESSINGER	LELORIER	RETTERER
BASSET	GARNIER	LEMIERRE	RIBIERRE
BAUDOUIN	GOUGEROT	LEQUEUX	RICHAUD
BLANCHETIERE	GREGOIRE	LEREBOULLET	ROUSSY
BRANCA	GUENIOT	LERI	ROUVIERE
CAMUS	GUILLAIN	LEVY-SOLAL	SCHWARTZ(A.)
CHAMPY	GUILLEMINOT	MATHIEU	TANON
CHEVASSU	HEITZ-BOYER	METZGER	TERRIEN
CHIRAY	JOYEUX	MOCQUOT	TIFFENEAU
CLERC	LABBE Henri	MULON	VILLARET
DEBRE	LAIGNEL-LAVASTINE	OKINCZYC	
DESMAREST	LANGLOIS	PHILIBERT	

A MON PÈRE

Le Docteur HENRI CODET

A M. le Professeur E. DUPRÉ

> *En témoignage de reconnais-*
> *sance pour son accueil si bien-*
> *veillant et pour le très grand*
> *honneur qu'il nous a fait en*
> *acceptant de présider à notre*
> *thèse.*

ESSAI

SUR

LE COLLECTIONNISME

INTRODUCTION

Lorsque, sur le conseil de M. le Docteur Barbé, — et nous sommes heureux de lui affirmer encore notre reconnaissance pour sa bienveillance, — nous avons entrepris l'étude du collectionnisme, nous n'avions en vue que ce symptôme chez les aliénés. Mais nous avons été amené à chercher s'il existe plus qu'une similitude de nom entre les cas de cet ordre, et ce que l'on peut rencontrer, fréquemment, dans la vie sociale ; si l'activité des amateurs de collection comporte un fondement psychologique comparable à celui qui détermine les malades à l'asile. En somme nous avons examiné si l'acte morbide s'expliquait par la connaissance d'une habitude répandue chez les sujets réputés normaux, et quelles étaient les tendances communes aux deux groupes, les faits intermédiaires possibles.

D'emblée, nous nous sommes heurté aux jugements établis, répandus, concernant les collectionneurs. Ils sont divers, souvent contradictoires, presque toujours sévères. Pour former et asseoir une opinion personnelle, il convenait de les étudier objectivement, de les comparer, d'en faire la critique. C'est à quoi nous nous sommes efforcé, par l'observation directe, et par la documentation, dans la mesure de nos possibilités.

Comme documents, nous avons pu trouver un certain nombre d'ouvrages écrits par des collectionneurs, ou pour eux. De toutes les variétés de collections, c'est le goût des livres qui, naturellement, fournit la littérature et la bibliographie les plus riches. Il nous a été donné d'approcher divers Amateurs de collection et d'en tirer, discrètement, d'utiles renseignements.

Quant à essayer de faire le tour des innombrables spécialisations qui existent, nous ne l'avons pas même entrepris. Depuis cet original qui rassemblait en des fioles soigneusement étiquetées les échantillons des bains où avaient trempé les célébrités contemporaines, jusqu'aux amateurs d'art les plus éclairés, on s'aperçoit, à l'examen, que tout peut devenir objet de collection.

Aussi bien n'avons-nous tenté la description ou le classement de variétés multiples. Ce serait là une œuvre considérable, parfois pittoresque, souvent fastidieuse. Elle ne servirait en rien pour atteindre au but que nous nous étions proposé. Nous avons donc cherché à résumer le résultat de nos investigations sous la forme des traits généraux communs aux diverses modes d'activité collectionnante.

A la lueur de ces notions, nous avons cru découvrir de réelles différences entre l'essence même du goût de collectionner et ce que l'on appelle le collectionnisme des aliénés.

Nous citerons une seule définition, tirée de la *Grande Encyclopédie*, article Collection : « Tout recueil de choses de la même espèce, ou qui ont du rapport entre elles... plus particulièrement, ensemble de tableaux, dessins, etc., appartenant à la même personne, et, le plus souvent, réunis par elle. »

De ce point de départ, nous passerons en revue les traits qui nous apparaissent fondamentaux dans le collectionnisme, et leur réalisation objective. Puis, après une brève esquisse de l'évolution historique de ce goût, nous l'envisagerons dans son développement schématique chez l'individu, pris en lui-même et dans la société. Cela nous amènera à en rechercher la valeur psychologique et sociale. Puis nous en verrons les déformations chez certains dégénérés. Enfin nous envisagerons la série de manifestations, en apparence, au moins, comparables, que l'on peut observer chez divers aliénés.

CHAPITRE I

ANALYSE DU COLLECTIONNISME

I. Facteurs psychologiques primitifs

La fréquentation directe et l'étude livresque d'un
certain nombre de collectionneurs nous ont amené à
dégager des nombreuses variétés individuelles le
schéma des traits psychologiques communs, cons-
tants. Nous avons cru possible de les réduire à quatre
éléments : le désir de possession, le besoin d'activité
spontanée, l'entraînement à se surpasser et la tendance à classer en ordre. Nous les considérerons
successivement.

a) *Esprit de propriété.* — La tendance à accu-
muler et conserver les objets utilisables éventuellement dérive directement de l'instinct de conservation. Provenant du sentiment d'insécurité, elle est,
d'abord une manifestation défensive. Par la suite
elle peut devenir une activité de luxe, appliquée,
non plus à ce qui est indispensable, mais à ce
qui plaît. A ce moment, elle apparaît comme un
besoin d'expansion de la personnalité, et c'est ainsi
que nous la retrouvons chez le collectionneur.

Pour celui-ci, les objets désirés doivent être non

pas un moyen de satisfaction passagère ; mais, au contraire, il tend à les incorporer définitivement à son moi. L'ensemble de ce qu'il possède constitue sa propre collection ; elle n'est plus un assemblage d'objets divers, elle est devenue sienne.

Et, le plus souvent, cette possession lui suffit, elle n'est plus un moyen, mais bien une fin. On pourrait ainsi dire, comme R. de Fursac pour l'Avare endurci (1), que l'amour de la collection est « désintéressé ». Le fait est fréquemment mis en évidence par ces bibliomanes qui tiennent leurs livres les plus rares soigneusement cloîtrés dans un cartonnage, au fond d'une bibliothèque verrouillée, d'où ils ne les font, en pratique, jamais sortir. Veulent-ils en lire le texte, qu'ils utilisent un exemplaire banal et sans agrément.

A un moindre degré, l'on sait combien un bibliophile préfère lire dans « son » livre plutôt que dans un ouvrage loué ou emprunté.

Ce trait, bien connu, est signalé par Diderot, à propos de Randon de Boisset : « Sa bibliothèque est double : l'une, des plus belles éditions qu'il respecte au point de ne les jamais ouvrir ; il lui suffit de les avoir et de les montrer ; l'autre, d'éditions communes qu'il lit, qu'il prête et qu'on fatigue tant qu'on veut. »

Ainsi la notion des objets en sa possession est souvent plus importante pour le collectionneur que

1. *L'Avarice*, p. 87.

l'agrément à tirer de leurs qualités propres. Nous avons l'exemple d'un amateur de pierres précieuses qui, au cours de longues années, ne les a sorties de leur cassette que deux ou trois fois, et pour les montrer.

Ce sens de la propriété, joint à l'expérience, explique la difficulté que font la plupart des collectionneurs à prêter. Certains, pour les livres, au moins, préfèrent en offrir un autre exemplaire; plutôt que de se dessaisir du leur. Il est cependant des exceptions, et l'on connaît l'aimable devise que le célèbre bibliophile Grolier inscrivait sur ses reliures : « Jo Grolierii et amicis ». Mais de tels amateurs sont rares.

L'acquisivité, telle que nous venons de la considérer, peut entraîner deux types de réactions affectives, souvent associées [chez un même individu. D'un côté, la possession comporte en soi une satisfaction durable. D'autre part, c'est le désir qui détermine le plaisir véritable , sa réalisation, en supprimant l'appétition, détruit la joie. Dans ce cas, le collectionneur tend à chercher une nouvelle conquête ; et cela nous fait voir une seconde caractéristique de son esprit.,

b) *Activité désintéressée.* — L'activité mentale, générale ou spécialisée, nous paraît, en effet, constante dans le collectionnisme. Que celui-ci soit pratiqué par un oisif, comme moyen de distraction, par un homme occupé, comme mode de délassement, ou qu'il soit devenu envahissant, toujours nous la trouvons en exercice. Le goût de la collection ne nous est pas apparu chez les déprimés, les asthéniques, les abouliques. Au contraire, il est en relation avec la tonicité affective, et surtout intellectuelle. S'il peut être, par le choix des objets, en rapport avec la vie professionnelle de l'individu, son but nous apparaît comme indépendant des besoins, de la nécessité.

Le collectionneur agit pour sa satisfaction personnelle, non par intérêt, par précaution ou par ostentation, au moins dans le fond. Son activité ne lui est pas imposée par les faits, par la société, il s'y livre pour son agrément , en somme il s'agit là d'une véritable activité de jeu. qui n'a d'autre but que se manifester.

En outre, cette tendance à la dépense, au sens figuré du mot, n'est pas limitée dans le temps. Ce qui explique qu'une collection n'est jamais achevée, un collectionneur jamais satisfait. Il faut, sans cesse, renouveler la matière à son besoin d'exercice. Nous avons déjà vu que la possession ne suffisait pas, en général, à assouvir le désir.

Celui-ci ressuscite, par exemple, à propos d'un livre :

> Mais, maintenant qu'il l'a,
> Que lui fait celui-là ?
> Ce qu'il lui faut, c'est l'autre (1).

La conscience de cette activité rebondissante est, du reste, une source de joie pour beaucoup. Ainsi que

1. Fertiault, p. 14.

l'exprime J. Richard (1) : « On sait quand on commence une collection, on ne sait jamais quand on la finira ; c'est là le plaisir. » Cet esprit, toujours en éveil, qui ne demande qu'à chercher, à désirer, est encore stimulé par un autre élément.

c) *L'émulation.* — L'émulation, en effet, nous semble encore un élément primordial. Elle a pu être définie par Spinoza (2) : « Le désir d'une chose, désir qui se produit en nous par ce fait que nous imaginons que les autres ont ce même désir. » Ce qui montre bien que notre appétition se développe en fonction de celle que nous connaissons, ou attribuons, à autrui. Mais, à côté de cet élan, dû à une suggestion extérieure, se manifeste aussi la tendance, chez beaucoup, à se comparer à soi-même et, partant, à se surpasser. L'auto-suggestion, en ce sens, crée un entraînement illimité, et « nulle raison ne nous oblige à ne pas vouloir aller le plus loin que nous pouvons (3) ».

Un tel développement paraît normal, aussi bien dans l'ordre intellectuel que physique, pour un organisme sain. Il existe déjà chez certains animaux, et le cheval qui ne veut être dépassé en fournit un exemple. On le retrouve dans les formes d'activité les plus évoluées, où il conditionne l'amour-propre, la vanité, les divers types d'ambition.

Chez le collectionneur, nous le constatons, il con-

1. *L'Art de former une bibliothèque.*
2. *Ethique,* liv. III. Théor. 27.
3. Queyrat, *Emulation.*

duit à la recherche d'objets toujours plus nombreux, meilleurs comme choix, à la lutte vis-à-vis des concurrents. Par lui s'explique la tendance à affiner son propre goût, à préciser sa documentation et à surpasser les autres tant par les connaissances techniques que par la collection elle-même.

Aussi voyons-nous un collectionneur enthousiaste se réjouir de l'existence de la contrefaçon, qui oblige à l'érudition et à la prudence, et s'écrier (1) : « Sans elle, où sera la lutte ? où sera le mérite ? » Méprisant la possession facile, il ajoute : « Mais quand l'amour devient banal, adieu l'amour ». C'est bien le même mobile qui pousse constamment les amateurs de collections à étudier celles de leurs rivaux, leur procure de pures joies à se découvrir une supériorité, globale ou même partielle. En poussant à l'extrême, on comprend comment l'un d'eux déclare qu'un confrère est mort de dépit à connaître un exemplaire plus parfait que le sien, qu'il croyait unique.

d) Tendance au classement. — Cependant cette activité spontanée, désireuse de posséder et tendant toujours à se surpasser, a besoin encore d'être réglementée pour représenter le fondement du collectionnisme. Celui-ci demande un besoin d'ordre et de classification qui a pu faire dire que collectionner, c'était avant tout faire des étiquettes. Sous cette boutade, il y a un trait d'observation exacte ; il répond à ce

1. Bonnafé, *Causeries,* p. 225.

fait que les objets recherchés, pour faire partie d'un
ensemble, et n'existant que pour lui, n'en conservent
pas moins leur individualité. Ils ne sont pas entassés
pêle-mêle, au moins dans l'esprit de leur propriétaire, et chacun possède son signalement, est recher-
ché ou conservé à cause de ses caractéristiques, par
lesquelles il se distingue de ses voisins.

A ce titre, nous savons un amateur d'ivoires, qui
cherche par une exception à confirmer la règle. Il
garde, en effet, deux « Christ » absolument identiques
et admire ce fait unique d'une pièce double, effec-
tuée à la main.

II. Réalisation objective

Ayant vu les conditions psychologiques qui nous
semblent primordiales dans le collectionnisme, nous
allons maintenant considérer leur retentissement
matériel, c'est-à-dire les traits généraux de l'objet
collectionné.

Le premier découle de la notion de série. Nous
avons noté le besoin de classification des objets possédés, leur individualité. Chacun représente un
élément distinct qui a sa place assignée dans l'ensemble. Cette ordonnance, en général, est réglée par
des faits étrangers à la volonté du collectionneur ; il
la subit et s'y adapte volontiers. Elle résulte de la
production des objets recherchés, et, d'une manière
très générale, ce n'est pas lui qui les crée ; il cherche
seulement à les rassembler, sa création c'est leur

groupement. Mais il le veut aussi complet que possible, et l'on peut, à ce propos, répéter que, lorsque une acquisition nouvelle s'incorpore à la collection, elle a sa place marquée d'avance, sa fiche est déjà établie.

Le désir de compléter un groupement ne tient guère compte des qualités réelles de l'objet. Il faut et il suffit qu'il soit présent. La Bruyère, décrivant le collectionneur d'estampes, fait très justement dire à Démocède (1) : « J'ai *tout Calot*, hormis une seule qui n'est pas, à la vérité, de ses bons ouvrages, au contraire, c'est un des moindres, mais qui m'achèverait Calot ; je travaille depuis vingt ans à recouvrer cette estampe, et je désespère enfin d'y réussir. Cela est bien rude ! »

Le caractère d'individualité de chaque objet nous explique dès lors la notion de l'*exemplaire*. Chacun doit être distinct des autres, si voisins qu'ils puissent paraître ; tout entrant dans la collection s'adjoint aux précédents, mais ne se superpose pas. Il peut bien, par ses qualités de réalisation ou de conservation, être supérieur à tel déjà possédé. Il a donc sa raison d'être admis, mais pour remplacer l'autre, qui devient un *double*. Dès ce moment le double ne figure plus dans la collection et, en général, est considéré comme négligeable ou comme moyen d'échange.

Ce fait est assez particulier, et un Bibliophile, bien plus ami des livres que collectionneur, nous disait :

1. *Caractères*, chap. XIII.

« J'ai beau en avoir un certain nombre en double, je ne puis me résoudre à m'en défaire ; je ne suis pas né pour vendre. »

Cette tendance à la complétude, jointe aux difficultés de réalisation, explique la limitation à un groupe, d'étendue particulière pour chacun. Il existe, à cet égard, des variations individuelles considérables, pouvant aboutir à la spécialisation la plus minutieuse. Parfois, elle entraîne la négligence et le mépris complet pour tout ce qui n'est pas de la spécialité ; témoin cet amateur de frontispices qui, au début du siècle dernier, mutilait les livres qu'il se procurait pour ne conserver que les images. A l'ordinaire la systématisation est moins exclusive ; elle est l'objet d'un goût particulier, d'une recherche élective plus absorbante, au milieu d'un intérêt plus éclectique. Chacun connaît cet auteur, bibliophile judicieux, qui s'attache tout spécialement à réunir les diverses éditions de *Paul et Virginie*.

On pourrait, dans cette étude objective, distinguer les collections à série matériellement limitées, qui peuvent, au moins théoriquement, arriver à être complètes, de celles où le groupement ne peut jamais être parfait. A la première catégorie se rattachent, par exemple, les éditions d'un auteur, les monnaies, les timbres-poste. Dans le second cadre, rentreraient les reliures, les tableaux, les cartes postales, pour ne citer que celles-là.

En fait, dans l'un et l'autre cas, la tendance est comparable, et, si un collectionneur est arrivé à compléter une série, vaste ou restreinte, il ne s'en tient pas là et s'attaque à une nouvelle.

C'est que, en effet, par suite de l'activité et de l'émulation qui le caractérisent, il est encore soumis à un autre besoin, la recherche du plus grand nombre. Il faut acquérir toujours davantage, toujours du nouveau, et l'un des deux modes d'évaluation d'une collection est d'ordre numérique : on dit que M. X... possède tant de pièces.

Ce moyen n'est pas le seul, avons-nous dit, et le second est fonction de la rareté. Elle dépasse de loin, pour le collectionneur, toutes les autres qualités et représente l'élément d'appréciation essentiel ; elle lui vaut des reproches fréquents dans le goût de celui-ci (1) : « Vous en aimez le corps [des livres] et moi j'en aime l'âme. »

La rareté est conditionnée, évidemment, par la production limitée des objets recherchés, leur ancienneté qui explique la difficulté de conservation, et surtout de conservation dans leur état originel. A cela s'ajoute bien la notion des qualités intrinsèques, mais surtout des qualités de réalisation d'ordre technique, et, peu, la valeur des matériaux constituants ou la perfection esthétique et intellectuelle. Le point le plus élevé où elle puisse atteindre est constitué par l'*exemplaire unique*, et l'on cite ce bibliomane qui acheta et détruisit un livre ancien identique à l'ouvrage qu'il possédait, pour que celui-là restât

1. Fertiault, p. 6.

seul. Dans d'autres cas, la connaissance d'un second exemplaire abaisse considérablement la valeur de l'autre, réputé unique, et détruit la satisfaction de son propriétaire.

La recherche de l'ancienneté, le souci de l'origine entraînent également la notion d'*authenticité*. Ici encore il ne s'agit plus de la valeur en soi d'une œuvre d'art, mais bien seulement de sa provenance. La découverte d'un faux lui retire toute valeur, partant toute affection du collectionneur qui s'écrie (1) : « Je dis à mon idole d'hier le mot de Mirabeau à Barnave : Il n'y a plus de divinité en toi ! » Il semble que, par exemple, la signature d'un tableau en puisse déterminer principalement la puissance d'émotion esthétique.

A côté de ces faits bien connus, se développe dans tout groupe de collectionneurs un système rituel d'estimation, auquel chacun se soumet volontairement. Cette échelle de valeurs est souvent en désaccord complet avec l'intérêt propre de l'œuvre. On sait l'importance de certains détails de typographie, volontaires ou non, qui, par leur présence, transforment le prix attaché à un ouvrage.

> Oui c'est la bonne édition,
> Car voilà, pages 15 et 16,
> Les deux fautes d'impression
> Qui ne sont pas dans la mauvaise.
>
> (Pons de Verdun).

---

1. Bonnaffé, *Causerie*, p. 210.

Ce mode d'estimation dépend encore d'un accord tacite, d'un consensus des collectionneurs dont on ne peut souvent retrouver l'origine. Et le collectionneur nous parlera d'un « je ne sais quoi », bien caractéristique des objets à rechercher. Sa persistance crée un certain nombre de traditions, acceptées, sans discussion. Ses évolutions constituent autant de modes et d'engouements. Mais, derrière ceux-ci, on peut souvent retrouver l'action d'intérêts commerciaux qui influent sur le cours de chaque spécialité.

Quoi qu'il en soit, si la valeur des objets de collection apparaît comme soumise d'une part à la loi d'offre et de demande, elle est aussi conditionnée par le désir spécialisé. « Dans ces objets, la valeur se mesure à la passion de les posséder, et il est difficile de fixer une limite au prix quand la passion n'en a pas » (Cicéron, *In Verrem*, IV).

A défaut de limite pour les pièces exceptionnelles, il n'en existe pas moins une sorte de cours établi pour chaque catégorie. C'est que, en effet, l'estimation des objets de collection arrive presque toujours à une évaluation pécuniaire ; elle est parfois une sorte de justification cherchée par le propriétaire pour s'excuser de poursuivre des inutilités ; elle indique, dans ce sens, une possibilité de vente et tend à représenter la collection comme une épargne, sinon un placement avantageux. Mais, au fond, il s'agit surtout d'un symbolisme commode pour l'estimation de ce que l'on possède, en comparaison de ce que l'on ne possède pas, symbolisme qui traduit numériquement un coefficient d'admiration ou d'attachement.

III. — Diagnostic

Des conditions communes aux collectionneurs ressort la possibilité de les séparer de types assez voisins.

Chez l'Avare, nous retrouvons le même besoin de posséder, la même tendance à obtenir la quantité. Mais, chez lui, prédomine le sentiment d'insécurité, permettant de ne considérer ce qu'il amasse que comme une réserve, qui pourrait éventuellement être utilisée. Pour lui, la notion de propriété peut aboutir à une joie de même ordre que chez le collectionneur, mais ce qu'il cherche, ce ne sont pas des objets individuellement distincts : il tend à amplifier une somme. Son activité est beaucoup plus monotone et ne présente guère cet entrain dont l'exercice est agréable au collectionneur. Enfin son avarice n'est à peu près jamais consciente, et n'est, pour lui, qu'une judicieuse prévoyance.

On pourrait peut-être envisager une forme de transition chez certains avares qui cherchent à constituer leur magot sous forme d'espèces déterminées, de métal le plus souvent. Ils peuvent arriver à faire abstraction de la notion pécuniaire pour ne s'attacher qu'à la possession et à la contemplation d'une certaine série de pièces d'or.

Nous éliminerons, également, la catégorie de tous ceux qui cherchent un bénéfice de la collection, qu'elle représente leur profession avouée ou non. L'espoir, si fréquent, de voir monter le prix de ce qu'il possède est plutôt pour le collectionneur le désir de satisfaire son émulation, mais sans intention de réalisation matérielle. Exceptons, néanmoins, certains collectionneurs qui font quelques échanges, plus ou moins profitables ; chez eux il s'agit encore d'une forme de jeu. S'ils brocantent, c'est pour s'affirmer leur propre expérience, ou pour améliorer leur collection dans la mesure de leurs ressources.

Quant à ceux qui cherchent à tirer un bénéfice de considération de ce qu'ils assemblent, ils nous paraissent encore faire preuve d'un esprit différent du collectionnisme. Ces financiers qui achetaient des livres « pour en parer les murailles de leur cabinet » (1), ou même faisaient peindre des reliures simulées, dont le dos, seul existant, constituait une « bibliothèque de partisan », ces financiers n'étaient pas des collectionneurs. L'accumulation de livres, réels ou factices, était un étalage vaniteux, représentant une forme de réclame, une preuve de leur fortune. Ou bien encore ils cherchaient à en tirer un brevet de culture intellectuelle, à se donner un air de bonne compagnie, pour faire oublier une trop récente prospérité.

La race n'en a pas disparu, et ce sont toujours ces faux collectionneurs qui veulent amasser rapi-

---

1. Jacob, *Réforme de la Bibliothèque du roi*, p. 52.

dement une galerie, la constituer sans effort personnel ; ils n'en jouissent que par l'ambition et ne savent l'apprécier que par la valeur marchande, le plus souvent, sans être capables d'en pouvoir justifier le prix. Ceux-là, d'ailleurs, sont plus fréquemment que les véritables, disposés à la revendre ; la vente est aussi tapageuse que le fut l'acquisition.

Mais une distinction est plus délicate, s'appliquant à deux catégories assez voisines : les Curieux et les Amateurs. Leur étude, qui peut se faire pour tous les genres, est plus facile et possède un plus riche vocabulaire en ce qui concerne le goût pour les livres.

L'Amateur, nous semble-t-il, poursuit avant tout une satisfaction intellectuelle dans la qualité même du livre ; s'il le recherche pour l'intérêt du texte, il en apprécie également la typographie, la nature du papier, l'harmonie de la reliure. C'est le bibliophile. Qu'il pousse même son amour un peu plus loin, on pourra le nommer « bibliolâtre ».

Quant au Curieux, il poursuit, sans trop de distinction parfois, ce qui est étrange, au besoin bizarre ; la rareté l'intéresse, mais moins que l'extraordinaire. Aussi est-il toujours à l'affût ; il fouille partout, même et surtout les livres inconnus, où il espère quelque trouvaille, et cherche à remplir un peu le grand vide qui s'ouvre au fond des imaginations les plus fécondes. C'est le Bouquineur.

Ceux-là, au moins, lisent leurs livres, ou, tout au moins, ont l'intention de les lire, lorsqu'ils se les procurent ; ils les poursuivent pour leur contenu. Au contraire, le Collectionneur schématique n'y tient que pour les avoir, en exemplaires de valeur, par l'édition, la reliure ou les deux, et les lit peu ou prou. C'est le bibliomane, et nous en connaissons un ; il se procure toutes les premières éditions qui paraissent, range chaque livre empaqueté et cacheté dans une armoire et jamais ne l'ouvre. Il semble bien ne pas agir par spéculation ; veut-il lire, par hasard, un ouvrage, bien entendu, il s'en procure un autre exemplaire.

Ce cas nous a paru réaliser un type très pur de collectionnisme. Nous l'avons opposé à des formes voisines, mais, en fait, il n'en va pas toujours aussi facilement. Dans la réalité, cette tendance d'esprit ne se présente pas souvent isolée et l'on ne rencontre guère d'amateur qui ne soit à la fois un peu curieux et un peu collectionneur. Quoi quil s'en défende, en général, il se trouve bien porté à apprécier certains objets principalement pour leur valeur, à en rechercher d'autres pour compléter quelque ensemble et uniquement pour les posséder. La limite entre le goût et la recherche de ce qui p'aît, et le collectionnisme dans cette même catégorie nous paraît souvent impossible à préciser, dans un même individu.

CHAPITRE II

DESCRIPTION

I. — Esquisse historique

Le collectionnisme, dont nous avons essayé de dissocier les éléments, d'une manière un peu artificielle, ne vit pas isolément dans l'esprit, ni d'une manière toujours identique. Nous allons tenter d'en esquisser, sinon les origines, du moins le mode de développement.

Il n'est pas douteux qu'on le retrouve dans le passé historique le plus reculé. D'après saint Clément d'Alexandrie (dans ses *Stromates*), Hellanicus de Mitylène, historien antérieur à Hérodote d'une dizaine d'années, aurait rapporté l'exemple de la reine Atossa qui collectionnait les autographes.

Dans tous les cas, le goût de la collection paraît avoir été toujours en rapport avec le raffinement de la civilisation et les facilités de possession.

Chez les peuples primitifs, on peut observer l'accumulation de réserves utiles ou le début de manifestations artistiques dont les spécimens se multiplient plus ou moins, mais, nous semble-t-il, sans fournir les traits caractéristiques que nous avons envisagés.

Pour les races nomades, on ne retrouve guère que l'accumulation de bijoux valant au moins autant par leur matière que par le travail. Représentant un capital facile à transporter, à dissimuler au besoin, toujours négociable, c'est là encore un fait de prévoyance.

Au contraire on voit le collectionnisme évoluer, se développer dans les peuples stables, possédant une organisation sociale qui garantit à peu près la propriété, et lorsque la culture intellectuelle a effectué une certaine évolution. Un tel ensemble de conditions nous paraît nécessaire pour permettre le développement de cette activité de luxe, réglementée, qu'est le collectionnisme.

L'antique civilisation grecque nous en offre de nombreux exemples, avec, déjà, tous les ridicules possibles. Lucien adressait un opuscule « à un ignorant qui formait une bibliothèque ». Le goût des collections s'installa à Rome, après les conquêtes, par un double mécanisme, vraisemblablement. D'abord, le vainqueur conservait les dépouilles, précieuses ou artistiques, dont il s'était emparé, le pillage étant la conséquence normale de la victoire.

Puis, au contact de vaincus plus raffinés, il prenait le goût des belles choses, de leur accumulation, de leur confrontation. Le trophée, au début apanage du guerrier triomphant, devenait prétexte à collection. Aussi les collectionneurs d'alors étaient-ils surtout les grands chefs militaires et les administrateurs.

Le plus célèbre est Verres, qui achetait et plutôt

pillait, pour s'enrichir, pour offrir des cadeaux précieux et utiles, puis, finalement, pour se constituer une collection. Au reste, le goût diffusait dans la société, et son accusateur, Cicéron, ne fut pas un des moindres collectionneurs.

De même, longtemps après, la Renaissance fut une période où le collectionnisme retrouva une vogue nouvelle et durable. Il était de bon ton de posséder un cabinet d'antiques, de médailles, en particulier.

Jusqu'à la Révolution le goût de collectionner ne cessa de prospérer. Mais, comme toutes les phases de trouble et d'insécurité, celle-ci, d'un seul coup, dispersa nombre de collections constituées et éclipsa le désir d'en continuer ou d'en entreprendre. Le début du xix⁰ siècle apporta à cette tendance un renouveau d'activité, et en modifia la répartition. Auparavant, collectionner était l'apanage d'une minorité, de plus en plus étendue, il est vrai, mais encore restreinte. Par la suite, l'évolution sociale, avec l'aide des moyens de communications, les plus grandes facilités de production étendit la possibilité et l'amour de la collection à la bourgeoisie moyenne.

Signalons enfin le collectionnisme d'état, persistant, qui pousse une nation victorieuse à s'approprier les collections du vaincu pour enrichir ses galeries, ses musées.

L'étude du collectionnisme du temps passé fournit un excellent moyen de documentation et d'investigation ; elle nous montre, à côté de l'évolution apparente de cette forme d'esprit, la persistance de ses caractères fondamentaux. Elle nous démontre également la constance de ce goût. Aux diverses époques, ceux qui en ont écrit se sont étonnés de son actuel développement, l'ont représenté comme une mode nouvelle et envahissante. Beaucoup en ont déploré l'extension. Il ne nous semble pas qu'il y ait lieu de les suivre sur ce terrain.

II. — Facteurs étiologiques

Le collectionnisme ne se produit pas au hasard, et nous pensons que l'on peut essayer d'en préciser les conditions d'origine.

Il n'est pas rare de rencontrer des cas où l'hérédité semble jouer un rôle manifeste, hérédité, souvent similaire. Si les descendants ne suivent pas forcément la même ligne de spécialisation, ils n'en paraissent pas moins avoir reçu une certaine aptitude à collectionner. Entre autres, on en pourrait trouver un exemple célèbre dans la famille de Gui Patin.

On ne le rencontre pas également réparti dans les deux sexes ; il s'en faut de beaucoup, et l'on cite les femmes qui s'y sont adonnées. Telle la fille adoptive de Montaigne, Mlle de Gournay, qui recherchait les autographes des contemporains. Actuellement encore elles sont rares, en dépit des facilités plus grandes et du plus large développement intellectuel féminin. On pourrait e trouver la cause dans u ne moins grande fixité des désirs, avec une moindre aptitude à la classification. Le caractère de la femme la pousserait davantage à rechercher les qualités intrinsèques de l'objet convoité, et la rapprocherait plutôt du dilettantisme. Bien entendu, ici, comme précédemment, nous éliminons le collectionnisme vaniteux. Quoi qu'il en soit, les marchands spécialistes confirment ce fait, et l'un d'eux, tenant une librairie d'anciennetés, nous donnait comme proportion une femme pour cent acheteurs.

On rencontre, également, beaucoup plus de collectionneurs célibataires que mariés. Nous ne chercherons pas à établir où est la cause, où est l'effet, tendant personnellement à admettre que le célibat et le goût de la collection ont fréquemment même origine.

La profession, la situation sociale ont encore une influence non douteuse, résultant, à ce qu'il semble, de facteurs très divers. Le collectionnisme est rare chez les travailleurs manuels des villes, où l'esprit de conservation est peu développé ; il n'est pas plus fréquent chez les paysans, où la tendance à amasser est habituelle, mais l'activité de luxe exceptionnelle. On le rencontre de préférence dans les classes où existe un certain degré de culture intellectuelle.

L'âge aussi a un rôle important, et le goût de collectionner est surtout vif chez l'adulte, sa fréquence allant en croissant avec le nombre des années. Il suit, en cela, le développement progressif des tendances possessives et conservatrices. Au contraire, il se rencontre peu dans l'adolescence, plus portée à la satisfaction immédiate et brève, partant moins patiente, douée d'une moindre acquisivité ; à cette époque de l'existence, l'activité intellectuelle est davantage entraînée vers l'exercice des fonctions altruistes.

Cependant, on peut objecter le nombre des jeunes collectionneurs, à partir de la deuxième enfance, et les timbres-poste en fournissent une vérification banale. Mais, ici, il s'agit plutôt d'une activité de jeu, orientée le plus souvent par une suggestion pédagogique. L'esprit jeune, sain, a un besoin diffus d'exercice, que ses éducateurs cherchent à canaliser vers un but, réputé instructif ; ils cherchent aussi, bien souvent, à occuper l'enfant, et même à développer en lui les facultés d'ordre et de classement. Sans discuter la valeur de ce moyen, qui utilise le besoin d'activité spontanée et met surtout en jeu l'émulation, il nous semble que la jeunesse est peu disposée à la persévérance méthodique exigée par la collection. En pratique, on voit, le plus souvent, celle-ci délaissée vers l'époque de la puberté. Si elle correspondait réellement à une aptitude foncière de l'individu, elle est reprise, sous sa forme primitive ou sous une autre, au bout de quelques années.

Là encore, nous pouvons constater l'intrication de causes diverses : hérédité, suggestion de milieu et aptitudes acquises. Le départ entre elles est, à l'ordinaire, impossible à effectuer.

Le milieu, avons-nous dit, joue un rôle non douteux. La preuve en est dans le rapport fréquent entre la spécialisation adoptée et les préoccupations intellectuelles du cercle où évolue le futur collectionneur. E. Piot racontait, ainsi, avoir joué vers l'âge de treize ans avec un de ses amis, fils d'un marchand d'antiquités, dans le magasin de ce dernier, et s'être dès lors familiarisé avec les objets qu'il a tant aimés et poursuivis par la suite.

Quant aux habitudes acquises, on voit couramment leur importance. La profession, les fréquentations recherchées, les lectures accoutumées, les études entreprises viennent souvent renforcer le goût personnel du souvenir, le culte de la tradition.

Une autre condition peut intervenir également, c'est le désœuvrement. Le besoin d'exercice peut véritablement déclencher le collectionnisme, chez certains « accablés du poids de leur loisir (1) ». Chez des retraités, par exemple, on le voit naître, représentant une véritable activité de substitution. Mais aussi, bien souvent, il se manifeste chez des individus, par ailleurs occupés, et garde, pour eux, la valeur d'activité de luxe. C'est une cause analogue qui peut lui donner naissance, pour satisfaire un besoin d'imagination, une tendance à s'abstraire de la banalité quotidienne. Ce collectionnisme par aspiration imaginative a été heureusement traduit, du point de vue littéraire, dans le personnage de Pélisson (2).

Enfin, ce rôle d'exercice agréable et superflu, est

1. J. C. L. M.
2. Haraucourt. Trumaille et Pélisson.

parfois d'ordre conscient et volontaire. Il peut se réaliser, la chose est exacte, comme projette de le faire un de nos amis, lorsqu'il déclare : « Je me réserve le plaisir de collectionner des livres, plus tard, lorsque d'autres modes de satisfaction et d'activité viendront à me manquer. »

Ces diverses causes, combinées avec un fait de hasard (héritage, occasion) expliquent dans beaucoup de cas la spécialisation elle-même, en outre de l'entreprise de la collection. Mais celle-ci n'est pas toujours aussi nette, parfois ce déterminisme nous échappe, et, bien souvent, le mode de début, son origine restent insaisissable.

On le voit souvent se créer progressivement, un sujet d'études ou d'intérêt devenant peu à peu prétexte à collection. Il est exceptionnel qu'un collectionneur puisse dire à quelle date, pour quel fait précis il a débuté, à part le cas d'héritage ou d'occasion déchaînante. A l'ordinaire « la collectionnalgie ne nous frappe pas comme un coup de foudre ; elle est précédée de symptômes significatifs et de manifestations précoces (1) ».

Aussi pensons-nous, de cette étude des causes et de leur synthèse, après l'analyse des conditions générales du collectionnisme, qu'il soit logique d'admettre, à l'origine d'une collection deux éléments. Il y a bien des facteurs extrinsèques, psychologiques, matériels, ou sociaux pour l'expliquer. Mais leur

1. Clément de Ris, p. 293.

action, banale, si fréquente chez tant d'individus, ne peut aboutir à la réalisation que si elle se produit chez un individu prédisposé, de ceux dont on peut dire : « collectionner est, pour certains êtres, un besoin aussi pressant que de manger (1) ». Le goût de la collection n'est pas un fait de hasard, il implique des tendances personnelles, en un mot, une véritable constitution.

III. — Développement. Extension passionnelle

Après avoir essayé de montrer en quoi consiste essentiellement l'esprit de collection, pris en soi et comment il naît, nous allons tenter d'en indiquer l'évolution, dans l'individu considéré pour lui-même et dans la société.

Tout d'abord, il s'agit d'un intérêt électif, plus ou moins intense, et d'ordre plutôt intellectuel. L'habitude, l'entraînement des suggestions, extérieure et surtout personnelle, vont lui donner une importance croissante et l'on assistera au développement d'une idée et d'une forme d'activité simplement prévalentes.

Elle peut demeurer telle indéfiniment, et ce fait n'est pas rare. Mais, souvent, elle prend une extension prépondérante, s'impose à l'esprit, s'enrichit de réactions affectives et dirige les actes. Essayons de

1. Champfleury, *L'Hôtel des Commissaires-priseurs*, p. 154.

préciser l'évolution de cette idée, fixée, véritable
« forme hypertrophiée de l'attention » (Ribot).

Parfois l'individu, conscient de cet envahissement,
cherche à lui résister, que ce soit pour restreindre la
tendance trop impérieuse ou simplement, à l'occasion
de tel cas fortuit, en général une dépense exagérée.
On peut alors observer la lutte consciente entre un
désir qui tend à la réalisation et l'inhibition du jugement qui l'estime déraisonnable. La représentation
de l'objet convoité s'impose à la conscience, détermine une vive attraction. L'interdiction volontaire
s'accompagne de gêne, d'angoisse parfois paroxystique. Que le collectionneur, alors, cède à la tentation, « commette » son achat, il sera délivrée, tout en
sachant ce que son acte peut entraîner de gêne. Sa
jouissance est double, après avoir fait « une folie » :
il possède ce qu'il voulait et il éprouve la détente
après la lutte. Ce phénomène, obsession véritable,
extrêmement fréquent, est facilement confessé par
les intéressés.

Veulent-ils, d'un seul coup, supprimer ou même
limiter leur habitude d'acquisition : le même mécanisme fonctionne ; et la volonté l'emporte rarement.
Les rechutes sont normales. « Demandez à
l'ivrogne de ne plus boire, » s'écrie Demmin (1). Au
reste, pour beaucoup, la recherche et le désir
d'achat créent une sorte d'état de besoin, comparable à celui des toxicomanes. Ils expriment fort

1. Demmin, p. 35.

nettement leur souffrance lorsque, depuis quelque temps, ils n'ont rien poursuivi, rien acheté, en dépit des conseils reçus, des résolutions affirmées.

Aussi bien, lorsque, matériellement, il n'a pas trop à en pâtir, et encore, le collectionneur accepte-t-il sa tendance, s'y adonne-t-il, non avec résignation mais plein de joie. La plupart de ceux qui parlent ou écrivent d'eux-mêmes concordent sur ce point. « Que si l'on me demande quel est l'homme le plus heureux je repondrai : un bibliophile, en admettant que ce soit un homme (1) ».

Une telle tendance, ainsi accueillie, détermine une série d'attitudes mentales particulières. Nous trouvons tout d'abord un état de spécialisation de l'activité, qui tend à s'orienter de plus en plus exclusivement dans le sens de ses désirs ; cette polarisation intellectuelle est franchement exprimée par Champfleury : « Toute pensée étrangère doit être sacrifiée à la collection (2) ».

Il en résulte la production d'états de distraction fréquents, isolant l'individu et les objets de son appétition du monde extérieur. Nous citerons, comme exemple, le fait suivant : le cortège d'un souverain étranger descendant les Champs-Elysées, et son passage n'attirant pas l'attention des collectionneurs, absorbés par leurs échanges à la Bourse aux Timbres-poste (3).

1. P.-L. Jacob, *Les amateurs de vieux livres*, p. 60.
2. Chamfleury. *Hôtel des commissaires-priseurs*, p. 268.
3. Warnod, p. 66.

Cette extension, on le conçoit, amène à faire le rapprochement classique du collectionnisme et des états passionnels, de la passion amoureuse en particulier. Il nous paraît fort exact. Nous y retrouvons d'abord, les mêmes réactions affectives, le même plaisir de contemplation. « Qu'il reste à son logis ou qu'il en sorte, il donne un coup d'œil à ses dieux favorables (1). » Les petits soins, l'empressement sont comparables. On sait la joie de beaucoup de collectionneurs à ranger, nettoyer, restaurer eux-mêmes leurs objets ; et cela, non seulement par crainte de vol ou de maladresse, mais, surtout, pour la satisfaction de les servir, de les toucher, d'en jouir en personne. La dilection s'étend même à ceux qu'ils ne possèdent pas, et bien souvent ils souffrent à voir détruire ou mutiler ce qu'ils ne songent même pas à acquérir.

Dans l'ensemble, cette passion est surtout agréable ; il est, par exemple, curieux de noter dans le Philobiblion de R. de Bury ce contraste entre le ton général, sévère, purement intellectuel, de l'ouvrage et un passage (ch. XI), où il écrit : « L'amour des livres, qui nous a saisi comme une *langueur voluptueuse.* » Il y a encore quantité d'analogies : la même tendance au lyrisme pour exalter son bonheur, célébrer les charmes de sa passion, la même naïveté dans l'appréciation de ses mérites, les mêmes enthousiasmes, la même tendance au mystère, la

1. Janin.

même propension orgueilleuse à la déclarer supérieure à toutes autres. Ils sont assez nombreux ceux qui ont, chacun, « la plus belle collection ».

Cet état de satisfaction habituelle présente des recrudescences joyeuses, bien connues des collectionneurs : une acquisition attendue ou une « trouvaille » constituent un événement heureux. Intense dans sa valeur affective, il peut s'accompagner des réactions physiques ordinaires aux émotions agréables. De même que les déconvenues ont souvent leur retentissement organique, analogue à celui de tous les chocs pénibles.

On rencontre également ce trait commun de la rivalité, de la jalousie. L'infidélité y est peut-être plus rare, encore que représentée par certaines mésaventures. Nous voulons parler, soit d'un succès rival, soit, principalement, de la découverte d'un faux. Dans les deux cas, le collectionneur est comparable à l'amant malheureux.

Cette passion est aussi exigeante que l'amour, avec une autre tendance analogue : « Ne lui parlez pas de contemplation pure, de platonisme : elle veut posséder à tout prix » (1). Devant l'objet séducteur, le désir se manifeste, immédiat, impérieux, tendant à la réalisation. Il ne rencontre pas plus de résistance que chez l'enfant où l'influence inhibitrice du jugement n'est pas développée. Certains achats prennent un caractère, en apparence, impul-

---

1. Bonnaffé, *Physiol. du curieux*, p. 8.

sif, parce que le mécanisme en est raccourci dans sa durée, à peine perçu par la conscience. Il suffit, pour un esprit préparé, réceptif, de la rencontre d'un objet désirable pour déterminer la décision et l'acquisition à peu près sans examen ni discussion ; en somme, comme par un réflexe.

Certaines conditions d'ambiance viennent encore accroître ce désir irrésistible. On les observe en particulier dans les ventes publiques, où un état d'angoisse accompagne l'attente de l'adjudication, dont la rivalité des compétiteurs a multiplié le prix. L'éclipse du jugement peut être totale, et produire une inconscience, une sorte de fascination comparable à celle qu'exerce le tapis vert sur un joueur. Le fait n'est pas exceptionnel d'un amateur surexcité, couvrant sa propre enchère, dans l'instant qui précède l'adjudication définitive. Dans les cas de cet ordre, le collectionneur ne connait qu'une idée : obtenir ce qu'il veut posséder, les moyens de remplir ses obligations d'acheteur seront envisagées, par lui, dans la suite.

Il est tout naturel qu'une pareille extension passionnelle aboutisse à la formation d'une véritable dévotion religieuse. Elle existe bien et a sa traduction, au moins dans le vocabulaire de nombreux collectionneurs qui parlent de leur sanctuaire, dont l'accès est réservé aux initiés ; ils en redoutent la profanation, le sacrilège et s'avouent possédés par la Divinité ou le Démon. Sans oublier ce qu'il y a d'exagération verbale sous ces expressions, on peut dire de certains ce qu'écrivait du Père Louis Jacob, dont il avait le nom comme pseudonyme, le bibliophile P. Lacroix, « qu'il croyait aux bibliothèques autant qu'à Dieu » (1).

Comme toutes les autres, cette religion a ses superstitieux, qui se fient à telle notion de prescience, croient à de bons et de mauvais jours, se méfient de certain geste sans importance, et s'adonnent à des pratiques inutiles, purement rituelles.

Cet envahissement passionnel arrive bien vite à déterminer chez celui qui en est la victime consentante une attitude particulière vis-à-vis de sa collection elle-même. Elle n'est plus un assemblage d'objets inanimés, mais devient un être vivant et chéri. Cette personnification représente bien l'objectivation du besoin de posséder et d'aimer ; elle se manifeste dans les actes et les paroles du collectionneur. Elle se traduit encore plus nettement par le souci, très fréquent, de son avenir. Non seulement son possesseur en a soin pour lui-même, mais aussi veut-il en assurer la pérennité. M. de Marolles craint pour sa collection et appréhende « qu'un corps, qui s'est formé peu à peu, de diverses parties, de divers endroits, avec assez de difficultés, ne vienne à s'en démembrer » (2). Les dispositions testamentaires, par leur fréquence et leur détail, prouvent l'importance de cette préoccupation.

Par là, du reste, le collectionneur s'oppose encore

1. Jacob, *Réf. bibl. Roi*, p. 51.
2. Cl. de Ris.

à l'Avare, qui cache et, souvent, fait disparaître avec lui son magot. « Je voudrais, dit l'un d'eux, faire fondre tout ce que je possède dans un verre d'eau, et l'avaler avant de partir » (1).

Dans l'ordre intellectuel, la passion collection- nante n'a pas un moindre retentissement. Elle s'ac- compagne d'exercices nombreux de l'attention, de la mémoire. Elle aboutit, souvent, à l'exercice d'une activité secondaire considérable : étude, documen- tation, érudition concernant la spécialité en jeu. Anatole France a pu ainsi faire dire très justement par Sylvestre Bonnard : « Je ne sais de lecture plus facile, plus douce, plus attrayante, que celle d'un catalogue ». Souvent le collectionneur s'adonne à tout un travail d'exégèse, de classement ou de re- cherche technique à ce sujet.

En même temps, ses qualités de jugement se développent, au moins dans le sens de la spé- cialité. Son goût évolue, se perfectionne ou se per- vertit, mais s'affine toujours. Et ce prétendu *flair*, dont il est si souvent parlé, ne paraît être, le plus souvent, que le résultat de son exercice prolongé, qui en fait les opérations plus rapides, moins cons- cientes et plus sûres. D'où le dédain du vétéran à considérer ce que sont les autres, moins expérimen- tés, ce qu'il était lui-même au temps passé. De là, également, provient la tendance, fréquente et pro- gressive, à la spécialisation plus systématique, au raffinement plus poussé.

1. R. de Fursac.

Pour ce qui n'est pas la collection, le jugement est
peu modifié, en général. La passion prédominante
souvent en fait négliger l'exercice pour ce qui lui
est étranger. Il est des collectionneurs qui ne s'oc-
cupent guère des événements extérieurs. Certains,
encore plus spécialisés, tendent à ne les apprécier
que en fonction de celle-ci. Tel est ce collectionneur,
adulte, qui déplore les changements apportés aux
uniformes militaires par la guerre de 1914 : leur monotonie perd l'intérêt de sa collection de soldats de
plomb (1).

En ce qui les concerne, les collectionneurs reconnaissent en général l'existence de leur passion. Ils
cherchent souvent à en atténuer la tyrannie, tout en
se soumettant à son impératif catégorique. Beaucoup tentent de la justifier. Les uns affectent de la
considérer comme un placement avantageux, quoi-
que non fructueux, car ils sont opposés à sa réalisation pécuniaire. D'autres lui donnent un prétexte
scientifique ou artistique, et invoquent son utilité
pour le progrès humain. Certains, enfin, plus sin-
cères ou mieux clairvoyants, la considèrent comme
une carrière livrée à leur activité, pour leur plaisir
et sans lui demander davantage.

Le collectionnisme a encore sa répercussion sur
les faits de la volonté. Il exige des sacrifices, sous
la forme de fatigues, de temps perdu ou utilisé, de
démarches, de privations pécuniaires. Ce côté nous

1. V. Larbaud.

paraît important ; il doit en coûter, d'une manière ou d'une autre, pour être véritablement digne du titre. Ici, encore, l'amour se mesure à la peine imposée. Il peut aller jusqu'à l'abnégation, comme chez celui « qui, malgré les nausées, s'est condamné fumer pour jouir des petites entrées d'un bureau de tabac où affluent les détritus d'archives et de bibliothèques » (1). Il atteint parfois à l'héroïsme ; témoin Vaillant, qui, au retour d'un voyage en Afrique, d'où il apportait des antiquités pour Louis XIV et pour lui-même, fut surpris, en mer, par des corsaires. Il n'hésita pas à avaler une vingtaine de médailles précieuses, et, dépouillé du reste, put rentrer en France et les « récupérer ». Après cela, nous passerons sur la banalité des sacrifices d'amour-propre et même de dignité que certains peuvent s'imposer.

Par ailleurs, ils sont tous condamnés à une activité, à une vigilance toujours en éveil. Poursuivis par l'idée d'une occasion à ne pas laisser échapper, ils doivent la poursuivre sans cesse. Le collectionneur doit donc être doué des qualités du chasseur, ou les acquérir. Il faut constamment fureter, tâcher de dénicher « l'oiseau rare », flairer en tout lieu, en toute occasion. S'il est en voyage, son activité trouve un champ nouveau, et, son terrain habituel étant considéré comme battu, il se croit plus de chances pour lever quelque gibier de choix, que

1. De Lescure, p. 44.

personne n'a encore éventé. De là cet amour des achats faits en personne, à la campagne, amour bien connu des marchands et exploité par eux.

Enfin, il faut bien faire preuve de deux qualités voisines, la patience et la dissimulation. Elles exigent la maîtrise de soi, le contrôle des actes et de l'expression, sans lequel les ruses, le marchandage, les petits procédés deviennent impossibles. Or tout cela est nécessaire à la satisfaction du collectionneur ; son but est bien de posséder, mais encore y a-t-il des traditions, personnelles et de corporation. Il convient toujours d'acheter ce qui est le plus précieux, et au meilleur compte.

Pour y arriver, toutes les roueries, tous les « trucs » sont mis en œuvre : indifférence affectée, dédain simulé, critiques injustifiées, discussions interminables. D'aucuns ne consentent à acheter un objet que s'ils ont obtenu un rabais sur le prix initial, rabais prévu par le marchand qui connaît bien ce marchandage rituel.

IV. — Rapports sociaux

Il est certain que, même sans atteindre au niveau passionnel exposé plus haut, le collectionnisme a un retentissement sur les sentiments et la conduite du collectionneur vis-à-vis d'autrui.

Dans les cas où ce degré est élevé, nous pourrions dire dans les formes sévères, bien entendu, les sentiments affectifs sont plutôt restreints. Au lieu d'affirmer que cette passion tue les autres affections, nous pensons plutôt qu'elle ne se développe, avec une telle puissance, que sur un terrain à tendances peu altruistes. C'est ce que l'on observe chez ces collectionneurs négligés dans leur tenue, peu soucieux de leur famille, s'ils en ont une et, en général, célibataires endurcis. Pour ceux qui sont moins atteints, le conflit est possible entre les différents sentiments ; les uns ou les autres l'emportent selon les cas. « Ainsi, nous déclarait tel libraire, quand un amateur m'annonce son mariage, je puis, en général, lui dire adieu. » Pourtant il en est qui continuent, au prix de luttes intestines ou non. Dans le premier cas, ils sont fréquemment réduits à la dissimulation, au mensonge, surtout en ce qui concerne les prix d'achat. Dans l'autre, il peut y avoir tolérance, sympathie, voire même collaboration de la part de la femme. Le fait, heureux pour les deux, n'est pas exceptionnel.

Dans les rappors auxquels le collectionneur livre avec autrui cette partie de lui-même qu'est sa collection, nous rencontrons deux catégories. Pour le premier groupe, il s'agit d'individus concentrés, renfermés, pour elle comme pour eux-mêmes. La possession leur suffit, et, se rapprochant par là des avares, ils n'aiment pas à en livrer le secret. Ce sont ceux-là « qui gardent leur collection vierge des baisers du soleil et des caresses du passant, qui l'enferment comme Bartholo enfermait sa pupille ! (1)

1. De Lescure.

Pour les amas de livres ainsi claustrés on a même créé, à ce propos, le terme de Bibliotaphes (1).

En opposition avec ce type d'amoureux de la séquestration, nous rencontrons plus souvent le collectionneur démonstratif. Ce dernier peut aimer à parler, à écrire, à faire les honneurs de ses amours pour n'importe qui : il a besoin d'extérioriser sa passion. Plus souvent on observe un besoin moins exubérant, plus systématisé. Alors, le collectionneur aime encore un certain mystère, surtout vis-a-vis de ceux qui ne sont pas comme lui ; il est capable de s'écrier :

Odi profanum vulgus, et arceo.

Mais, par contre, il donne volontiers libre cours à son besoin d'expansion en présence de ceux qu'il en juge dignes, des connaisseurs. C'est là que se retrouve sa véritable famille spirituelle. Un goût commun suffit à créer une sympathie et une confiance mutuelles, d'une façon très générale. Ici le fait est souvent vérifié, et explique des rapprochements subits, avec un oubli immédiat de toute distance sociale.

Cette attraction se manifeste par le besoin de fréquentation, la tendance à l'association entre collectionneurs du même type. On y retrouve mises en commun, les mêmes manifestations de sentiments,

1. ταφος, tombeau.

la même propension aux formules passionnelles ou religieuses : il est question de communion, d'initiés et de profanes.

Il en résulte la formation d'un vocabulaire spécial, de rites indiscutables. Les affiliés, souvent se reconnaissent ou se devinent entre eux, à leur allure, dès le premier abord. « Son geste, son regard, son sourire étaient d'un connaisseur » (1). Ils ont plaisir à exprimer leurs idées, à faire part de leurs découvertes, à faire, souvent, étalage de leur documentation car, pour un collectionneur de cet ordre, le jugement de ses « pairs » est de la plus haute importance. La suggestion réciproque et l'émulation jouent constamment dans ce milieu, où beaucoup sont portés au mépris envers le profane, à l'indulgence protectrice pour le débutant, à l'admiration parcimonieuse à l'égard des grands spécialistes. La rivalité et la jalousie ne sont pas rares. Il est, à ce propos, un procédé bien connu : lorsque l'on ne peut acquérir quelque objet détenu par un particulier, on lui en fait un éloge disproportionné. Il sera poussé à en demander, par la suite, un prix manifestement exagéré et les concurrents ne pourront avoir ce que l'on a ainsi « cloué ».

En outre, on constate ordinairement chez le collectionneur quelque dédain pour les spécialisations autres que la sienne. Souvent, du reste, il se défend de mériter ce titre, et se déclare seulement amateur,

1. Asselineau, p. 36.

en sous-entendant « éclairé »,réservant le collectionnisme pour les autres. Ainsi, le collecteur de livres
ne veut pas être pris pour un bibliomane, mais bien
pour un bibliophile ; il n'est pas toujours possible de
lui rendre justice.

Les jugements sur la rareté que portent ces groupements sont fixes et variables, selon les cas. Les
premiers constituent la tradition, les autres plus ou
moins influencés par l'intérêt des marchands, représentent les fluctuations de la mode.

A ce propos, nous ferons observer que les commerçants sont peut-être ceux qui possèdent sur le collectionneur la meilleure connaissance psychologique,
de nature empirique. Aussi savent-ils en user. Ils
sentent, pour chaque catégorie, quel est le mode de
présentation le plus tentateur, le procédé de discussion le plus encourageant, au besoin, le sacrifice,réel
ou fictif, qui engage le mieux. Du reste, pas mal de
collectionneurs ne l'ignorent pas, mais ne manquent
guère de s'y laisser prendre. L'amour-propre est un
levier auquel ils sont particulièrement sensibles : le
rabais consenti, avec un banal éloge de son bon
goût, suffit à déterminer plus d'un acheteur récalcitrant.

Comme tout autre, la passion collectionnante peut
s'accompagner d'un sens moral peu développé. Cette
coïncidence ne manque de se produire dans certaine proportion des cas. Selon sa situation, le
collectionneur en usera différemment ; s'il occupe
une situation publique élevée, l'abus de pouvoir

servira son acquisivité, et Verrès nous en a laissé l'exemple le plus puissant. Dans une position plus modeste, il aura recours à des indélicatesses d'une moindre proportion.

Ce qui est, chez certains, à noter, c'est la dissemblance entre les principes éthiques et leur application à la conduite générale, d'une part, et leur négligence avouée, en tout ce qui touche le collectionnisme. L'habitude de la lutte, de la ruse semble, à leurs yeux, justifier tout procédé à l'égard du rival ou du marchand, en somme de l'ennemi. Parfois les notions élémentaires de probité disparaissent sur ce point, alors, nous le répétons, qu'elles semblent normalement diriger le reste de l'activité. On connaît la fréquence des emprunteurs de livres qui ne restituent jamais, mais certains cas en sont particulièrement remarquables. Ainsi cet homme qui, occupant une fonction publique en vue, refusait à un de ses amis de lui prêter quelques livres, malgré toute son estime et sa confiance en lui, disant : « Je sais trop bien ce qu'ils deviennent ; ainsi voyez cette bibliothèque. Eh bien, ce sont des ouvrages que l'on m'a prêtés. » Il y a désaccord entre un tel aveu, l'exactitude de ce qu'il implique et la conduite générale du personnage.

La notion en est classique, et se trouve résumée par F. Voisin : « Il est sage de se défier de toutes les têtes à manies et à fortes passions. Tout amateur est dangereux : tel individu, incapable de dérober à qui que ce soit une obole, volerait sans répugnance

et sans scrupule dans nos collections une lettre auto-
graphe, un livre rare (1)... »

Sans avoir constaté uue pareille généralité du fait,
il s'en faut, nous savons néanmoins l'existence de
ces actes anti-sociaux ; ils peuvent déclencher une
action judiciaire.

Examinés du point de vue médico-légal, ils nous
paraissent de simples cas de délinquance. Les
collectionneurs pratiquent surtout le vol, l'abus de
confiance ; soit pour des motifs purement utilitaires, comme, jadis, le fameux Libri, soit pour la
possession pure et simple d'un objet désiré. Mais,
de toute façon, il s'agit d'individus possédant un
développement intellectuel, des notions morales, une
connaissance des obligations sociales, et un jugement suffisants pour pouvoir rendre compte à la
justice de leurs actes et encourir les sanctions qu'ils
comportent.

D'autre part, il est bien certain, que, au sens psychologique, ils sont mus par un entraînement irrésistible, et, partiellement, inconscient, au moment
même où les attire le désir paroxystique. Mais à
n'envisager l'action légale qu'en vue de la répression et, dirons-nous, de la prophylaxie sociale, elle
paraît devoir être opérante vis-à-vis des collectionneurs voleurs, malgré les excuses que l'on a pu invo-
quer pour l'acte passionnel.

Aussi, admettant que la passion Collection ne suffit,

1. Voisin, *Entendement humain,* p. 267.

H. Codet   4

à elle seule, en dehors de toute tare mentale à justifier l'impunité, considérons-nous le collectionneur
délinquant comme responsable. A ce propos, nous
nous rangeons pleinement à l'opinion formulée par
Marc, à propos d'une espèce assez particulière (1).

(Obs. 120). « J'ai connu un célèbre anatomiste, fort
désintéressé d'ailleurs, propriétaire d'une riche collection d'anatomie pathologique, qui ne rêvait que
la possession d'une tête dont les mâchoires étaient
ankylosées, et qu'il voulait, à tout prix, soustraire
d'une collection étrangère dont elle faisait partie.
Il donna à cet effet ses instructions à un élève qui
devait se rendre dans la ville où se trouvait cette
tête tant désirée ; mais elles ne furent pas exécutées.
Cet élève, c'était moi. Certes, si la soustraction eût
été seulement tentée, et que la tentative eût été
découverte, ni le professeur, ni l'élève, n'eussent été
dignes d'excuses devant la loi. »

Bien entendu, rappelons-le, nous n'entrepren-
drons pas la description pittoresque de toutes les
formes, sous lesquelles se réalise le collectionnisme :
on peut rencontrer absolument tous les objets
capables de constituer une série.

De même nous n'esquisserons pas le tableau des
types plus ou moins originaux de collectionneurs;
en effet, le goût de la collection ne naît pas et n'é-
volue pas indépendant, pour son propre compte
chez un individu. Il s'associe, se combine avec

1. Marc, p. 259.

toutes ses autres tendances et, de cette sorte d'inter-
férence mentale, résulte le caractère du collectionneur. Nous avons signalé, en passant, par exemple,
le collectionnisme vaniteux, avare, expansif, renfermé,
etc. Tous les cas particuliers peuvent s'observer.

Nous voulons seulement attirer l'attention sur
deux formes spéciales. La collection, avons-nous
dit, implique l'inutilité, le désintéressement utilitaire,
elle exclut le commerce. Il n'en est pas moins vrai
qu'on peut la voir réalisée chez certains marchands,
dans leur spécialité même. Ils font alors la distinction
très nette entre les objets de vente et ceux qu'ils
conservent, le métier et le plaisir. Le sentiment se
montre, dédoublé, lorsqu'ils se trouvent contraints,
par nécessité professionnelle, de se désaisir de telle
pièce qu'ils aimeraient garder. Un bouquiniste,
de cette sorte, s'écriait devant l'amateur qui mar-
chandait un bel ouvrage : « Mais si je vous le vends,
je ne l'aurai plus ! »

Un autre cas, assez particulier, se trouve réa-
lisé par ceux qui ont la même joie de collectionner, de posséder, mais non pour eux-mêmes. Nous
voulons parler des conservateurs, des bibliothé-
caires et qui aiment l'exercice de leur profession.
Chez eux, par un transfert assez curieux, le sens
de la propriété se déplace. Au lieu de chercher
à annexer la collection à leur personnalité, ils tendent, au contraire à s'assimiler avec elle. A cela
près, leur goût et leur passion peuvent se développer
et évoluer comme chez les possesseurs.

VI. — **Terminaison**

Nous avons vu la persistance ordinaire du goût pour la collection. Il peut cependant, parfois disparaître. A ce propos, rappelons que souvent, après avoir atteint quelque développement dans l'enfance, il subit une éclipse chez l'adolescent. Celle-ci peut être définitive. Nombreux sont ceux qui ont collecté des timbres-poste ou des cartes postales, dans leur jeune âge, et ne forment ultérieurement aucune collection. Pour eux, les conditions de milieu, la suggestion pédagogique avaient joué le rôle prédominant. Devenus adultes, soumis à d'autres influences, leur activité est différemment orientée ; le collectionnisme ne répondait pas à un besoin foncier : ce n'étaient pas des collectionneurs.

De même, chez certains hommes, il peut se manifester, par suite d'un héritage, d'un exemple, de quelque cause fortuite et ne pas persévérer. Cette instabilité nous paraît bien peu fréquente, et l'on n'entend guère déclarer : « J'ai été collectionneur, je ne le suis plus. »

Il est également bien rare que les déceptions ou les déboires en viennent à tuer la passion. La concurrence, les difficultés d'achats, la raréfaction des objets recherchés, la multiplication d'œuvres non authentiques ne rebutent guère de collectionneurs. Certains ont bien accoutumé d'affirmer leur renoncement, déclarent couramment « qu'il n'y a plus moyen ».

Leur humeur chagrine ne produit qu'une apparence de découragement. Ils n'en persistent pas moins dans leur poursuite.

Néanmoins l'activité de la passion peut, comme pour toute autre, être soumise à des variations, plus ou moins périodiques, chez un même individu, en fonction de son élan mental. Aux périodes dépressives correspond une moindre appétion, tandis que les phases d'expansivité sont marquéespar une recrudescence de désirs. Ici encore, la rythmicité cyclothymique se montre comme une loi générale de la vie affective.

A l'ordinaire, le collectionnisme, une fois installé tend à persévérer. Qu'une cause extérieure vienne à en suspendre l'exercice, elle reprend le cours de son activité dès que les circonstances le permettent. Ainsi cet abbé de Marolles qui vend en 1666 pour la Bibliothèque royale toute sa riche collection d'estampes, s'empresse-t-il d'en reconstituer une nouvelle. Celle-ci, peu d'années après, « n'atteint qu'au nombre de 111.424 pièces » (1). Avec un moindre développement, le fait n'est pas exceptionnel.

En l'absence de telles vicissitudes, et elles démontrent sa valeur constitutionnelle, l'amour de la collection tend à se fixer toujours plus avec les progrès de l'âge. Qu'elle s'impose davantage parce que représentant un des seuls modes d'activité alors possibles, qu'elle s'enracine plus avant grâce à la pro-

1. Cl. de Ris.

gression habituelle des facultés possessives, le fait n'en est pas moins habituel. On peut lui appliquer, avec plus d'indulgence, le jugement formulé par Confucius (Maxime LXVIII) : « Celui qui est parvenu à la quarantième année de son âge, et qui, jusques à ce temps-là a été l'esclave de quelque habitude criminelle, n'est guère en état de la surmonter. Je tiens sa maladie incurable : il persévérera jusqu'à la mort dans son crime. »

Avec les progrès du temps, cette activité prend, parfois, un caractère plus rituel, presque automatique. On en arrive à collectionner sans but aussi conscient, mais pour collectionner. Cette attitude, presque stéréotypée, peut durer encore longtemps. Soit que leur complexion vigoureuse et résistante ait été une des causes originelles, soit parce que les habitudes du collectionneur correspondent à une hygiène judicieuse, tant mentale que physique il n'en reste pas moins que la longévité est fréquente chez les collectionneurs. Ils vivent souvent vieux et meurent avec leur passion.

CHAPITRE III

CRITIQUE

I. — Jugements portés

Nous avons considéré l'attitude mentale du Collectionneur, son comportement dans la société ; voyons
maintenant les réactions de cette dernière vis-à-vis
de lui.

L'opinion publique, ordinairement peu sympa-
thique pour les individus singuliers, fonde la plupart
de ses jugements sur le critère d'utilité ; elle se méfie
volontiers de la passion désintéressée, chez l'artiste ou
le savant, aussi bien que dans le collectionneur. Le
bon sens commun n'admet, à l'exercice de ce dernier,
qu'une excuse, et croit la découvrir, à notre sens plus
souvent qu'il convient : c'est l'exploitation commer-
ciale, sous le prétexte de collection. Mais, nous avons
vu que sa présence, comme but, suffit à éliminer le
pur collectionnisme ; elle peut coexister avec lui,
mais en reste toujours distincte.

Une autre explication est souvent proposée, qui
ne trouve pas les critiques bienveillants : le souci
de se conformer à un certain goût réputé de bon ton,
et cela sans attrait véritable, mais en vue de se con-

cilier l'opinion qui fait loi dans un milieu déterminé. La croyance en un collectionnisme surtout imposé par respect de la Mode est fréquente ; elle a fourni le titre au célèbre chapitre de La Bruyère consacré aux « Curieux ». Il ne s'agit pas toujours là de collectionneurs véritables, mais de vaniteux, plus ou moins oisifs ; leur passion, simulée n'est pas durable et présente un caractère d'ostentation peu fréquent chez ceux-là. La mode ne peut être qu'une suggestion occasionnelle qui met en mouvement la tendance d'un individu prédisposé ; mais alors, ce mouvement, une fois créé, survit à la cause provocatrice, et nous trouvons, dans la disparition ou sa persistance, un moyen de différenciation important dans la pratique.

Reste donc, pour le public, le Collectionneur sincère, préoccupé de son seul plaisir. Pour lui, le jugement se révèle ordinairement, simpliste et, à travers une série de synonymes, le traite proprement de fou. Il est représenté sous un aspect de caricature physique et mentale, fournit un sujet à quelques plaisanteries faciles, et voici longtemps qu'une épigramme grecque le représente comme un « âne devant une lyre ». Pour résumer, on a pu écrire : « donc la curiosité est une affaire de vanité, une spéculation ou une affection cérébrale ».

Les auteurs qui ont envisagé la question du point de vue moral ont, en général, insisté sur le côté mesquin et futile de la collection, en l'opposant à l'importance qu'elle prend aux yeux de son auteur.

Leur jugement se trouve résumé dans la phrase célèbre de La Bruyère : « Ce n'est pas un amusement, mais une passion, et souvent si violente, qu'elle ne cède à l'amour et à l'ambition que par la petitesse de son objet. » D'autres la jugent surtout en fonction de son inutilité sociale, et, partant, la regardent comme nuisible, puisqu'elle rend improductives des ressources d'activité et une puissance pécuniaire auxquelles ils préféreraient voir assigner une destination plus philanthropique. Ce reproche est formulé, entre autres, par J.-J. Rousseau (1) : « L'argent qui circule entre les mains des riches et des artistes pour fournir à leurs superfluités est perdu pour la subsistance du laboureur. »

Enfin, la collection, du fait qu'elle implique la possession, est réprouvée par tous ceux qui, nient le droit à la propriété individuelle. En cela, elle est condamnée par la doctrine communiste, comme elle a pu l'être par saint François d'Assise, qui dans le *Speculum perfectionis* (1220), interdit, aussi bien au général de son ordre qu'au frère mineur, d'être « grand ramasseur de livres ».

Le collectionnisme a néanmoins ses défenseurs, qui s'avouent par leurs actes, leurs paroles, leurs écrits. Ils le justifient pour sa valeur individuelle de distraction, d'amusement innocent, et s'accordent à célébrer le plaisir qui en résulte. En outre, ils lui attribuent, dans certaines de ses formes, une action

1. *Les Avantages et Désavantages des Sciences*, 1756, II, p. 237.

sur le perfectionnement intellectuel et la culture esthétique de celui qui s'y adonne. Enfin ils cher·chent à démontrer son rôle social et son utilité comme encouragement à la production artistique, moyen de conservation des souvenirs historiques, source de documentation pour les chercheurs, et même facteur de progrès scientifique.

Avant d'aborder la critique de ces divers jugements, nous voudrions envisager quelques formes qui nous paraissent voisines du collectionnisme.

II. — Formes voisines

Nous retrouvons, en effet, le besoin d'activité de luxe, la tendance à l'émulation, l'acceptation consen·tie d'un code arbitraire, avec une tendance au pro·grès continuel, dans le goût sportif. Quelque paradoxale qu'elle puisse paraître, cette assimilation nous semble justifiée par d'autres faits, dans la pratique. On observe également la recherche de la rareté et du nombre dans la poursuite des records, des performances. Le développement passionnel peut atteindre presque au même niveau ; l'idée prévalente, là encore détermine d'analogues soucis de sacrifice et d'effort. Elle crée une aptitude à l'association très comparable et comporte également la sympathie immédiate entre affiliés d'un même culte, avec les rivalités obligatoires qu'elle ne manque pas de susciter. Enfin nous y constatons encore la création d'un jugement collectif impérieux, se traduisant dans la réalisation par le « style » imposé. La différence essentielle réside en ce que l'instinct de possession ne s'affirme pas ici sur des objets matériels : le sportif véritable cherche seulement à intégrer dans sa personnalité la notion d'actes accomplis par lui-même. Il peut, lui aussi, selon ses facultés constitutives, s'en tenir au simple besoin de délassement musculaire, de jeu, normal pour un organisme sain, ou atteindre à la spécialisation envahissante et presque stéréotypée, d'un exercice considéré comme fin en soi.

Une tendance, analogue, à l'affirmation expansive de la personnalité, avec un caractère objectif mixte, comprenant la possession durable et l'accomplissement de faits individuels, se rencontre dans certains autres cas. Nous rapprocherons ainsi du collectionnisme la recherche et l'accumulation de souvenirs, purement mnésiques ou surtout matériels, de ses propres actes. Les voyageurs, les touristes qui veulent « avoir tout vu, tout enregistré », dans le plus grand nombre d'endroits possible, qui accordent même attention rapide et minutieuse à tous les spectacles offerts par leur déplacement, et conservent, sans choix, les preuves, matérielles ou non, de leurs pérégrinations, ces touristes nous paraissent bien proches des collectionneurs proprement dits. Egalement, l'activité sexuelle peut fournir des types de comparaison. Nous voulons parler de cette forme d'émulation amoureuse, attachée, avant tout, au nombre, à la répétition des exploits, et qui trouve, pour résumer le résultat de son activité, sa formule d'expression dans quelques chiffres. A ce titre, le caractère de Don Juan nous paraît un exemple de virtuosité dans cette forme spéciale, bien voisine du collectionnisme.

Elle peut se traduire même par la conservation matérielle et, par là, s'en approcher encore davantage. Tels furent les cas célèbres des Lauzun, des Bussy-Rabutin, de ce Maréchal de Richelieu, qui gardaient, soigneusement classés et étiquetés, leurs multiples trophées amoureux.

On pourrait même poursuivre l'analogie encore plus loin, à propos du collectionnisme immatériel. C'est ce qu'a tenté, par exemple, Bonnaffé, au sujet de La Bruyère. Rappelant ses railleries dirigées contre les collectionneurs, il lui découvre, à lui aussi, sa curiosité : « Elle consiste à collectionner les vieux mots, les anciens tours de notre langue, ceux qui ont de la race, qui sont rares, bien faits et frappés au bon coin : c'est la curiosité littéraire » (1). On ferait une constatation analogue chez Rabelais, concernant sa recherche d'expressions synonymes, de termes voisins, d'où il tire ses répétitions, ses listes de mots, ses longues et savoureuses litanies.

C'est encore une attitude mentale comparable que nous observons chez les passionnés d'érudition : même activité intellectuelle, qui se suffit à elle-même comme but, même recherche de la série et du nombre, même souci de ne rien laisser échapper de ce que

_____

1. *Physiologie du curieux*, p. 6.

l'on a acquis, même besoin de classement. On rencontrera également les modes variables de réalisation. Tantôt il s'agit de ceux qui, plus portés vers une possession matérielle, entassent fiches sur documents dont ils ne se serviront sans doute jamais. D'autres fois, le collectionnisme devient plus purement intellectuel comme chez ceux-là qu'anime le désir d'apprendre sans cesse, uniquement pour apprendre. Leurs facultés intellectuelle sont un besoin d'exercice constant, ils veulent toujours se dépasser eux-mêmes, et, à l'imitation de Bouvard et de Pécuchet, ils accumulent notions sur notions. Ils recherchent les plus surprenantes, les plus rares, et leur érudition, souvent critiquée, a été qualifiée de fausse érudition « qui vient du désir de savoir ce que les autres ignorent » (La Rochefoucauld). On les oppose, de cette manière, à ceux pour qui la documentation méthodique n'est qu'un moyen tendant à quelque application pratique, à la compréhension plus claire de ce que les autres ont produit, ou même à la recherche personnelle. Dans ces divers cas, à ce qu'il nous semble, le mécanisme psychologique est identique, avec cette différence, essentielle, il est vrai, que tantôt il fonctionne en vue d'un but déterminé tantôt il s'exerce pour lui-même. C'est alors qu'il est contigu au collectionnisme authentique.

Et nous estimons que l'on trouverait mêmes analogies à regarder de près le jeu de l'activité scientifique, notamment en ce qui concerne les sciences d'observation. Pour la science médicale, par exemple

il n'est pas exceptionnel de la rencontrer désintéressée, mue par un esprit constant d'émulation, cherchant le plus grand nombre de faits, tendant à compléter une série : la connaissance d'une spécialité, dans
l'espèce. Même on y constate l'amour du cas plus
rare, à côté du mépris pour la banalité. En l'absence
même de toute idée d'application pratique, il est
fréquent de voir un médecin s'écrier avec joie devant
un « beau malade » : « Voilà ce que je n'avais pas
encore vu », exactement comme un collectionneur
qui acquiert un exemplaire attendu. Ici, c'est la
réaction d'un esprit joyeux d'exercer spontanément
son ingéniosité sur un problème difficile, ou de s'enrichir d'une notion nouvelle. Recueillir des observations plus nombreuses, pouvoir en remplacer une
imparfaite, par l'étude d'un cas plus pur sont les
moyens d'application de cet esprit qui utilise le mot
lui-même : collection de malades, collection d'anatomie, etc. Nous ne ferons que rappeler l'excellence de
leur pratique pour l'enseignement et les progrès de
la Médecine.

III. — Valeur

Il pourrait sembler, à un premier examen, non
seulement irrespectueux, mais injuste de tenter tels
rapprochements, et l'on se verrait adresser le
reproche courant de voir, par déformation professionnelle, quelque tare mentale chez tout individu ;
ce qui ne nous semble pas justifié.

Nous avons seulement tenté de montrer quels sont

les éléments communs à toute une série de manifestations très diverses dans leur forme de réalisation,
très variées par leur niveau mental. En effet, si le
collectionnisme, tel que nous le considérons se
retrouve comme une tendance très générale, il n'existe
pas seul chez ceux qui la possèdent. Représentant,
avant tout, une activité qui tend à s'exercer, voisine
de l'entrain musculaire, chez le sportif, et de l'élan
intellectuel de l'érudit ou du savant, il nous apparaît
surtout comme fait d'un organisme sain qui a besoin
de jouer. La coexistence des caractéristiques essen-
tielles que nous avons observées lui assignent la
forme générale collectionnisme. Mais toutes les
autres tendances, héréditaires ou acquises, en déterminent la formule, et, surtout conditionnent sa valeur.

Nous sommes amené à admettre qu'il existe dans
le collectionnisme des classes très différentes, représentant des aptitudes particulières, des degrés variés.
Le fait est évident. Mais à notre sens, il résulte manifestement de l'observation que ce n'est pas son développement, son extension qui agissent sur l'individu.
Ce n'est pas sa présence qui explique un dérange-
ment psychique, pas plus que, par elle seule, elle ne
justifie un diagnostic péjoratif.

Si l'on n'est pas fondé à juger, du point de vue
psychologique et psychiatrique, tous les collectionneurs en bloc, l'existence de telles différences exige
cependant un essai de critique. Nous avons vu, plus
haut, dans quels sens principaux elle s'est exercée
et s'exerce en général.

L'opinion banale qui fait du collectionnisme un stigmate de déséquilibre mental nous paraît, de l'étude des cas particuliers, bien souvent contraire aux faits. Elle ne représente que la généralisation simpliste de notions parfois exactes. Nous ne chercherons pas, d'autre part, à classer les collectionneurs suivant les cadres d'une sorte de hiérarchie, dont on se réclame parfois ; on semble, grâce à elle, se croire autorisé à opposer la passion illogique pour des babioles au goût éclairé pour des objets d'art ou de science. Bien entendu, chacun s'en réclame et se place dans la seconde catégorie, alors que la première comprend les représentants d'un genre inférieur. En ce sens, on voit la plupart des collectionneurs se défendre de ce titre au sens où nous l'entendons, prétendre à la qualité d'Amateurs et rejeter l'accusation sur les autres. On pourrait dire que chacun est collectionneur, par rapport à son voisin.

A côté de la forme de l'activité collectionnante, le choix de son objet est également soumis à des appréciations sévères au sujet de la dignité intellectuelle. Ici encore l'échelle des valeurs est variable, établie par chaque individu ou par chaque groupement de spécialistes. Néanmoins, on y trouve quelques termes d'estimation communs.

Certains genres sont ordinairement réputés plus sérieux que tels autres. Il apparaît que l'estime où on les tient procède de trois éléments. D'abord on respecte aisément ce qui est peu accessible à la moyenne des esprits par la rareté de la documentation, la nécessité d'instruction technique préalable, la difficulté même de compréhension. Pour beaucoup de gens, l'admiration s'adresse à ce qu'ils comprennent peu ou prou ; combien ne sauraient donner d'autres motifs à leur estime pour un traducteur d'hiéroglyphes ou un astronome.

Par une tendance analogue, l'éloignement des faits ou des objets et de la spéculation intellectuelle semblerait par elle seule, conférer une certaine dignité à l'esprit qui en est occupé. N'est-ce pas l'abstraction qui, aux yeux de personnes nombreuses, imprime un cachet de supériorité à toute dissertation métaphysique, sans souci de sa valeur réelle.

Celle-ci, en effet, trouve son appréciation plus exacte, pour une forme psychologique quelconque, dans la mesure de son degré de généralité ; cette dernière, par son caractère compréhensif, permet de relier des cas particuliers en un concept général. Ce travail de synthèse met en jeu nécessairement les facultés de jugement pour se produire. Grâce à elles peuvent se réaliser les œuvres d'art durables, les progrès scientifiques réels.

Cette même qualité critique, chez le collectionneur, détermine finalement la qualité de son activité. C'est elle qui lui permet de se juger convenablement, d'agir correctement dans ses rapports sociaux.

En résumé, nous pensons que le collectionnisme est avant tout provoqué par les tendances affectives de l'individu. Son orientation se fait principalement en fonction des aptitudes intellectuelles, de leur culture, tandis que le jugement et la volonté établissent davantage sa valeur morale et sociale.

Aussi ne peut-on le juger que dans ses rapports avec la personnalité totale de l'individu : son goût de collection vaut autant que lui-même. S'il est vrai que les circonstances matérielles ont leur influence, il ne nous en apparaît pas moins que chacun collectionne comme il est. En conséquence, le collectionnisme, loin de représenter obligatoirement une tare mentale, n'est qu'une forme d'activité, dont seule la forme de réalisation peut, dans certains cas, devenir un symptôme particulier au milieu d'une dysharmonie plus générale.

A le considérer du point de vue phychiâtrique, on peut donc conclure, avec Chaslin (1), au sujet de la passion de certains collectionneurs : « poussée à l'extrême, c'est une anomalie qui peut se rencontrer chez les déséquilibrés et n'a pas grande importance. »

1. P. 49.

CHAPITRE IV

COLLECTIONNISME MONOMANIAQUE
COLLECTIONOMANIE

Nous avons vu différents aspects du collectionnisme et, dans les formes les plus accentées, son extension passionnelle, la réaction sur les rapports sociaux, la délinquance possible et, souvent au moins, la bizarrerie de ses manifestations. Par là s'explique la sévérité du jugement public à leur égard. Si ces collectionneurs ont été les « grippés » du xviiᵉ siècle, ils sont encore pour beaucoup des « toqués » et leurs habitudes fournissent un répertoire de synonymie avec « la marotte, le dada ou la manie ». Mais encore voudrions-nous examiner si le simple bon sens populaire a, dans ce cas, entièrement raison et s'il n'y a pas lieu de les distinguer d'autres individus, nettement anormaux, encore que non aliénés.

Ce qui frappe, au premier abord, évidemment, c'est l'étrangeté et l'inutilité pratique de leur goût, en opposition avec les sacrifices qu'ils lui consentent. Or ces caractères sont communs à de nombreuses attitudes mentales, et, forcément, toute idée prévalente entraîne son porteur vers une activité spécialisée. Ceux-là qui ne la partagent pas ne peuvent guère comprendre, et partant admettre qu'il lui soit accordé telle importance. De là à juger les premiers des êtres déraisonnables, il n'y a qu'un pas, bien vite franchi.

Mais encore pourrait-on considérer que, chez les collectionneurs, tel que nous les avons vus, l'envahissement passionnel, pour impérieux qu'il soit, ne va pas jusqu'à inhiber ou pervertir totalement les autres modes d'activité ; l'ensemble des facultés psychiques, à des degrés de développement divers, est encore suffisant pour permettre à l'individu de tenir son rang parmi les hommes.

C'est le mérite de Balzac d'avoir, dans le personnage du cousin Pons, indiqué la persistance des sentiments affectifs, du jugement, des notions éthiques. Le vieux collectionneur, pour peu adapté qu'il soit à la lutte sociale, n'est pas un dégénéré. C'est un passionné, ce n'est pas un monomane.

Si parfois, même, quelqu'un d'entre eux se laisse aller à une réaction anti-sociale, il en connaît la valeur, la portée. Tantôt il la prépare soigneusement, pour échapper à ses conséquences, tantôt, entraîné par un paroxysme émotionnel il l'accomplit presque impulsivement ; mais dans ce dernier cas encore, il cherche à en éviter les suites légales, sait ce qu'elle comporte d'illégitime. En tout cas, il n'ignore pas la justesse de la sanction pénale, et c'est à elle, dans ce cas, qu'il doit être soumis. C'est elle qui, associée à divers degrés avec les notions du devoir, peut prévenir la délinquance.

Par là le collectionnisme nous apparaît comme un travers ou une particularité de l'esprit, selon sa forme, mais toujours en conformité avec l'ensemble qui constitue la personnalité. Il ressortit par conséquent à la psychologie dite normale.

Pour cette raison, nous en séparerons de nouveaux types, où la constitution mentale est beaucoup plus déformée. Si les premiers pouvaient être rangés dans la classe des dysharmoniques ou des dégénérés supérieurs, les autres représentent des dégénérés proprement dits. Chez ces derniers, la tendance à la collection, se manifestant avec une prédominance indiscutable, n'en permet pas moins, à l'examen attentif de découvrir à l'arrière-plan tout un complexus de malformations mentales. Sa persistance, la continuité de son action prouvent bien ses rapports avec la constitution du sujet.

Aussi bien croyons-nous pouvoir reprendre un terme psychiâtrique, utilisé pour eux, mais trop largement, par le public et les considérer comme des *monomanes*. Sans revenir sur la discussion relative à la monomanie, au sens primitif du mot, nous pensons que s'applique bien à eux la conclusion de J.-P. Falret : « Selon nous, rien n'est plus faux et plus contraire à l'observation, dans l'état normal comme dans l'état maladif, que cette fragmentation de l'âme humaine en un certain nombre de forces distinctes, susceptibles d'agir isolément, et, partant, d'être lésées séparément (1). » Ce ne sont pas des psycho-

1. J.-P. Falret (*Des malad. mentales*, ch. V.

pathes parce qu'ils collectionnent d'une façon particulière, mais leur *collectionnomanie* n'est que la principale traduction objective, le symptôme dominant dans un syndrome mental défectueux.

Pour eux, comme pour les autres monomanes, l'erreur provient d'un examen trop systématique ou incomplet : le trait saillant de leur conduite, l'idée prédominante qu'ils expriment empêchent d'observer et d'analyser tout le reste.

L'application médico-légale, s'il y a lieu, doit en découler, dans le sens d'une responsabilité au moins atténuée. Certes, l'appréciation de divers cas peut se trouver délicate, lorsqu'ils représentent « la transition entre le délit consenti et l'impulsion » (1). Nous la croyons, néanmoins, le plus souvent possible, et moins vague que ce qu'indiquait Marcé (2) : « Quant à ces vols incompréhensibles commis par des amateurs effrénés de livres, d'antiquités, d'objets précieux, il est très difficile de distinguer ce qu'on doit attribuer à l'entraînement d'une passion dominante ou à l'impulsion de la folie, et à cet égard, on ne peut fixer de règles précises. »

D'ailleurs, cet état d'aboulie en présence d'une idée fixe, est, le plus souvent conscient, au moins partiellement. Il s'accompagne d'une connaissance, plus ou moins nette, de son caractère anormal. Celui qui en est atteint tente, à l'ordinaire, de s'en accommoder, pour éviter le délit, le scandale et la

1. Régis *Précis*, p. 151.
2. *Tr. Prat. des mal. ment.*, p. 386.

répression ; mais il ne cherche pas, et ne le pourrait, à lui échapper. Le « fou de la société », ainsi que l'appelle Guislain, « connaît son état ; il nous dit qu'il n'est pas obligé d'avoir les goûts de tout le monde » (1). Cependant il peut avoir recours à des trucs, à des moyens de défense pour en limiter les conséquences fâcheuses. Dans beaucoup de cas, du reste, il ne donne pas matière à une action judi-ciaire.

A titre d'exemple, nous en présentons une obser-vation ; nous avons pu la recueillir grâce à l'obli-geance de notre ami, le Dr Borel :

Paul de G..., 63 ans.

Origine : bonne bourgeoisie.

Antécédents : 18 ans. Parti comme trimardeur pour faire son tour de France, après dissentiments familiaux.

Métiers divers. Travail dans une usine.

Ivrognerie habituelle ; indélicatesses, violence.

Vers 25 ans, venu à Paris. Toujours isolé de sa famille. Pas de métier régulier. A travaillé entre autre dans l'impri-merie.

Vers 30 ans. Fréquentation de personnages bohèmes et de divers poètes. Commence à lire. A cette époque, héritage de sa mère (quelques rentes). A placé depuis lors son mobilier dans un garde-meuble, d'où il ne l'a jamais sorti, et pour lequel il paie une location assez élevée. C'est alors qu'il com-mence à acheter des livres: d'abord les productions du cercle littéraire où il évolue. Puis des livres divers. Ensuite des

1. *Leçons orales sur les Phrénopathies*, t. I, IIIe partie, p. 54.

revues, et après des journaux. D'abord ceux qui concernaient les gens qu'il connaissait, puis divers autres.

Vers 40 ans, petit emploi administratif. A peu près fixé. Augmentation du collectionnisme. Il achète dès lors chaque jour 12 journaux (dont *l'Officiel*), le matin, et 5 le soir. Nombreuses revues, surtout illustrées.

Depuis accroissement et spécialisation de la collectiono·manie : surtout des ouvrages modernes, brochés, et tout particulièrement les plaquettes. Achète un peu moins par suite des prix plus élevés, depuis la guerre.

Ouvre et parcourt tous ses journaux, très vite, les garde sur lui toute la journée, et les range soigneusement, en série. Ne lit jamais avec attention et réflexion un article déterminé, ne se documente sur aucun sujet, est incapable de soutenir une discussion.

Livres, surtout d'occasion. Recherche les éditions originales, mais sans condition de luxe d'édition, de qualité de papier, de valeur du texte. Les brosse, les époussète, les « souffle », c'est-à-dire, page par page, en chasse la poussière.

Les classe, les range : en lit fort peu.

La quantité de ses livres l'a fait expulser de son précédent domicile par crainte d'éboulement, et il n'a pu se loger que dans un rez-de-chaussée.

Ne vend, ni ne montre, et à plus forte raison ne prête pas. Ne tient pas à ce que l'on vienne chez lui. Suppose avoir 40.000 ouvrages, amoncellement qui déborde tout classement. Ne sait plus ce qu'il possède et pense avoir de multiples exemplaires de plusieurs ouvrages qu'il est incapable de retrouver. Le passage dans son appartement est devenu presque impossible, obstrué. L'écroulement des livres a un jour condamné sa porte, l'empêchant de pénétrer. Quant à la chambre à coucher, son lit est « dans une vallée » entre 2 collines de livres.

Critique du sujet lui-même : « C'est une maladie. » Utilise des moyens de défense car il sait ne pas pouvoir résister au désir : fait des détours pour éviter certains marchands, reuse de recevoir les catalogues de librairies, pour échapper à la tentation qu'il sait irrésistible.

Vit solitaire. Pas d'amis. Indifférence béate. Peu expansif. Tendance discrète à la fabulation, mais parle très peu de livres ; ne se cache pas cependant de ses habitudes.

Un peu affaibli, artério-scléreux. Buveur de vin.

Comme on le voit, il s'agit d'un déséquilibré constitutionnel : instable et peu sociable. Les habitudes alcooliques, l'évolution artério-scléreuse en ont fait actuellement un homme dont l'activité, affaiblie, ne s'exerce plus que dans une direction unique. La collectionnomanie n'a pu naître et se développer sous cette forme que grâce à l'existence du terrain approprié.

Nous rapprocherons, de ces cas, maintenant, quelques formes voisines. On pourrait être tenté de les confondre avec ceux où la tendance à l'achat inutile, le besoin de dépense injustifiée sont l'élément anormal le plus apparent. Mais celui-ci se produit sans but, autre que de se réaliser. L'Oniomane (1), achète sans discernement, les objets acquis n'ont pas une individualité propre, une place assignée dans une

1. Féré.

série. La dépense d'argent trouve satisfaction en soi-même, et n'est pas un moyen.

En ce qui concerne les Kleptomanes, le problème est différent. Rappelons, d'abord, leur extrême rareté, à l'état pur, au point que Lasègue ait pu mettre en doute leur existence. Le plus souvent leur acte est intéressé et ne représente qu'une insuffisance de la volonté ou du sens moral, en face d'une tentation un peu trop vive.

En ce sens, ils se rapprochent des collectionneurs voleurs, et paraissent plutôt des délinquants ordinaires que les esclaves d'une obsession morbide, autonome. D'autres se présentent comme des débiles mentaux, agissant pour leur compte ou utilisés par autrui et prêts à la sursimulation pour éviter les rigueurs de la loi. Ainsi peut être interprété un cas présenté par Briand et Salomon (1). Parfois il s'agit de débiles vaniteux qui volent pour satisfaire un besoin de luxe disproportionné. Tel est celui que cite Lunier (2). On trouva chez lui des paletots, des foulards, des écrans, des cravates en grand nombre, et certains de valeur minime. Ils avaient été reçus en cadeau, volés ou pris à condition. Il désirait se monter luxueusement, en escomptant des succès littéraires, impossibles, qui lui permettraient de tout rembourser. Ici encore, l'accumulation d'objets analogues est faite sans système, sans ordre, repré-

1. Soc. Clin. de Méd. mentale, 13 mai 1913.
2 *Ann. Médico-psychol.*, t. IV, p. 210.

sente des possibilités d'utilisation somptuaire, mais ne constitue pas une collection véritable.

Objectivement, on a pu distinguer deux types, selon qu'il y a un choix ou non. Dans le *poly-klepto-collectionnisme* (Mingazzini) on retrouve le désir de vente, simplement empêchée dans sa réalisation par la crainte que le vol originel soit connu ; ce n'est alors pas du collectionnisme. Dans la Kleptomanie pure, si tant est qu'elle existe, le produit des larcins serait conservé, pour une raison analogue ou même sans raison : il ne devrait plus intéresser le ou la Kleptomane puisque, par définition, l'acte du vol serait le seul désiré, comme fin en soi. Les autres formes de conservation d'objets, sans choix systé-matique, nous paraissent plus proches de celles que nous étudierons dans un chapitre ultérieur.

Il est, par contre des cas où l'on observe la capture et l'accumulation d'un certain nombre de pièces, d'ordre identique pour chaque sujet et douées pour lui d'un attrait sexuel ; nous voulons parler des fétichistes. Au domicile de certains, l'on trouve celles-ci réunies, en plus grand nombre, toujours du même type pour chacun.

Résultant quelquefois d'achats successifs elles sont le plus souvent obtenues par vol ou mutilation ; c'est le *mono-klepto-collectionnisme*. Ici encore, nous semble-t-il, il y aurait lieu de chercher à préciser diverses modalités. Tantôt les objets sont conservés simplement parce que le fétichiste craint de se compromettre s'il tente de s'en défaire ; dans ce cas, le fait essentiel a été le rapt en lui-même, avec la satisfaction sexuelle que le sujet a pu y trouver : il est surtout kleptomane. Ou bien, et cela nous paraît le plus fréquent, il conserve les divers spécimens de ce qu'il a conquis, pour pouvoir, à l'occasion reproduire, avec leur aide, l'émotion primitive. « Il est des fétichistes qui les collectionnent avec amour, les accumulent à leur domicile, *où ils les emploient*, d'ordinaire, pour des manœuvres onanistiques » (1). Dans ces cas, il nous semble être surtout en présence d'une réserve, que le fétichiste constitue plus ou moins luxueuse, pour retrouver à un moment donné, la possibilité de choisir parmi ses excitants spéciaux. Ce serait à notre avis plus un fait de précaution, d'épargne que du collectionnisme véritable.

Cependant, là comme ailleurs, l'aptitude collectionnante proprement dite peut se trouver juxtaposée avec les autres tendances, comme dans cette observation de Krafft Ebing (2) :

Obs. 78. — Un coupeur de nattes, fétichiste de la chevelure.

Quand il ne pouvait se satisfaire au contact des cheveux portés par une femme, il « rentrait chez lui, fouillait dans sa collection de nattes, les touchait, les palpait, ce qui lui donnait un violent orgasme ». On trouva à son domicile 65 nattes mises en paquet.

1. Garnier, *Les Fétichistes*, p. 44.
2. *Psych. sex.*, ch. III, § 3.

Il avait également chez lui des épingles à cheveux, des rubans et autres objets de toilette féminine qu'il s'était fait donner en cadeaux. De tout temps il eut une véritable manie à collectionner des objets de ce genre, de même que des feuilles de journaux, des morceaux de bois et autres objets sans aucune valeur, mais dont il n'aurait voulu se dessaisir ».

On note encore en lui une lourde hérédité, des séries d'obsessions et une grande impulsivité.

Chez cet individu, à lourdes tares constitutionnelles, nous rencontrons associées la tendance à conserver des objets, inutilisés, en série, pour la seule possession, et, d'autre part la mise en réserve habituelle aux fétichistes.

On pourrait peut-être, au moins d'une manière figurée, comparer l'extrême spécialisation fréquente chez certains collectionneurs, à un véritable fétichisme. Par là ils s'opposeraient aux Amateurs, représentant, dans cette comparaison le terme de l'amour sexuel accoutumé, et ses modalités réputées normales. De même que ce dernier, à l'analyse minutieuse, peut être ordinairement entaché de quelque tendance fétichiste, de même il n'est guère d'amateur chez lequel, malgré ses dénégations, on ne puisse rencontrer quelques faits de collectionnisme.

On peut encore rapprocher de la collectionnomanie certaines formes d'*avarice*, notamment celles qui concernent les vieux avares, insociables, nettement pathologiques, entièrement absorbés par le culte de leur trésor. Le cas se retrouve chez ces Mendiants Thésauriseurs, étudiés par Dupré (1), surtout pour ceux qui constitue leur magot avec des espèces pécuniaires déterminées, de l'or principalement. Néanmoins, ce qu'ils possèdent constituent, semble-t-il, dans leur esprit un tout indistinct et chaque pièce amassée y perd son individualité. Pourtant, à un degré d'évolution très avancé, avare et collectionneur deviennent davantage comparables : le magot et la collection sont des entités personnifiées qu'il faut enrichir et accroître sans cesse. A ce point, l'activité devient plus automatique, presque stéréotypé, et chez le second la discrimination de chaque objet moins précise. Cependant l'amour du thésauriseur pour son trésor reste toujours reporté sur lui-même ; il tend à le supprimer en même temps que sa propre personne, faute de pouvoir l'emporter avec lui dans la mort ; on retrouve l'attachement de l'individu à une puissance destinée primitivement à la défendre. Au contraire le monomane de la collection ou bien ne se soucie plus guère de l'avenir de ce qu'il possède, après sa disparition ; ou bien il cherche encore à en garantir la conservation. Il l'aime pour elle-même.

Nous signalerons enfin, comme analogie, certains moyens de précaution utilisés quelquefois par des obsédés. On peut observer ainsi l'accumulation d'objets identiques, mais toujours destinés à

1. *Paris médical*, 5 octobre 1912, n° 45.

parer une angoisse obsédante. Schüle (1) cite le cas suivant : « Un malade achète une foule de dictionnaires, et le motif n'en est pas le besoin de s'instruire, qu'on aurait pu supposer tout d'abord ; en réalité, le mot obsédant était représenté par la syllabe *tic*, laquelle s'était emparée du malade lorsqu'il avait entendu prononcer ce mot politique ; et cette syllabe est restée obsédante ; c'est pour s'en débarrasser que le malade a acheté tous ces dictionnaires par suite de l'assonance : « tic », dictionnaire » Dans le même ordre de faits, on rencontre des obsédés, onomatomanes, qui rédigent, conservent et transportent avec eux des cahiers contenant des listes de mots, parfois interminables. Ici encore, il ne s'agit que d'une mesure de précaution, bien plutôt que de collectionnisme véritable.

En résumé, nous avons tenté de séparer, au milieu de diverses formes d'acquisivité anormale, celle qui nous paraît répondre à la collectionnomanie. Elle est caractérisée par la prédominance de l'activité de collection, développée chez un sujet manifestement dégénéré.

Bien entendu, nous ne ferons que signaler la chronicité de cet état, véritablement contitutionnel, et qui présente toutes chances de durer autant que celui qui en est atteint. Apparaissant à l'âge adulte, il tend à se fixer, à se spécialiser toujours davantage. On pourrait rappeler pour lui la remarque clinique de

1. Schüle, p. 128.

Moreau de Tours (1) : « Il est de connaissance vul-
gaire que, plus les idées morbides sont concentrées
sur un même point, moins il est permis d'espérer une
terminaison heureuse. »

1. *Des Aberrations du Sens génésique,* p. 268.

CHAPITRE V

LE COLLECTIONNISME DES ALIÉNÉS :
LES PSEUDO-COLLECTIONNISMES

Nombreux (1) sont les aliénés qui recueillent et
conservent un certain nombre d'objets, en apparence,
au moins, inutiles, et souvent réunis sans choix apparent. On déclare, habituellement, qu'ils « collectionnent », et le fait banal dans les services d'asiles, bien
connu des aliénistes, est classiquement considéré
comme signe de chronicité ou de démence. Nous
ne trouvons pas grand'chose de plus à ce sujet
dans la littérature psychiatrique, si ce n'est qu'il
peut être passager dans la manie (Krafft-Ehing,
Chaslin). En 1904, présentant à la Société Médico-
psychologique une observation sur laquelle nous
reviendrons, Leroy, constatait que le collectionnisme, comme symptôme démentiel, « un des plus

1. C'est avec un grand plaisir que nous remercions ici M. le
Dr Vurpas ; grâce à lui nous avons pu, dans son service de
Bicêtre, observer divers aliénés collectionnistes, dont ceux que
nous citons particulièrement dans ce chapitre.

Nous en avons également étudié dans le service de notre Maître,
M. le Dr Maillard à Bicêtre. Nous sommes heureux de cette occasion de lui témoigner notre profonde gratitude.

connus, est peut-être celui qui a été le moins étudié ».

Une étude de Courbon (1) apporte un premier classement avec cette définition du collectionnisme : « Impulsion à recueillir des objets trouvés », ce que, familièrement, on nomme « manie de ramasser les choses qui traînent » et la tendance à en bourrer ses poches. Il le divise en trois groupes : 1º Délirant, à caractère électif : 2º Obsédant, également électif ; 3º Inconscient. Automatique, par fausse stéréotypie.

Nous avons envisagé les cas du deuxième groupe dans le chapitre précédent. Nous essaierons de préciser davantage, et de séparer des modes qui nous paraissent différents, entre eux, et assez éloignés de ce que nous avons étudié sous le même nom.

Rappelons, tout de suite, que le pensionnaire d'asile n'a pas, dans le milieu limité où il est placé, l'occasion de chercher et de rencontrer des objets bien variés. D'où la banalité et la monotonie relatives de ce qu'il amasse. Néanmoins la façon de procéder et les facteurs mentaux qui le déterminent arrivent à créer des types que l'on peut nettement séparer.

D'une manière transitoire, on peut voir des malades, au cours d'un accès de *manie*, surtout au début, s'affubler de nombreux oripeaux bariolés, entasser sur eux, dans un sac, dans leur cellule, tout ce qu'ils trouvent à leur portée et peuvent ramasser.

1. *Sémiologie de la mise des Aliénés*, in *Encéphale*, déc. 1919.

Nous en trouvons un cas, dû à Chaslin (1), chez un maniaque intermittent ; le ramassage et le chiffonnage sont diffus, sans choix, sans persistance, résultant, avant tout, de l'excitation motrice, et se présentant comme « le phénomène partiel d'un accès de manie (2). »

Une autre formule de pseudo-collectionnisme transitoire ou épisodique est donnée par des *mélancoliques*. Nous voulons parler de ceux qui, en vue du suicide, avalent divers objets, notamment des épingles. Mais véritablement ici, il ne s'agit que de la répétition d'un acte considéré comme moyen de réaliser une idée délirante.

Certains *débiles* nous fournissent des exemples plus proches de la collection elle-même. Ainsi, *Eng.* (Imbécillité) ramasse, par intervalles, des bouts de journal, surtout s'il y a des images, les conserve quelques jours, puis les jette. Si on lui demande ses raisons il nous dit : « c'est pour les regarder. Quand j'en ai eu assez de les regarder, alors je les ai jetés et j'y ai plus pensé. » Il y a donc chez lui surtout la recherche d'une contemplation agréable amenant une satisfaction esthétique primitive plus que de la possession. *Eng.* est, si l'on veut, un rudiment d'amateur, mais non de collectionneur.

Nous trouvons quelque chose d'analogue, chez *Aud.*, qui garde des images, assez proprement découpées dans les journaux, et les place dans un livre.

1. *Sémiologie et Clin. mentales* (Obs. Met., p. 639).
2. Krafft-Ebing, *Tr. Clin. de Psych.*, p. 275.

Interrogé à ce sujet il nous dit : « Oh ! je ne suis pas un collectionneur, moi, je travaille d'habitude. Ici je m'embête. Moi je fais ça pour passer mon temps : je les garde pour marquer mon livre. Quand j'en ai assez, je les déchire. » Ici, l'activité de jeu, toute simple est et reste considérée par l'intéressé comme répondant à un besoin de distraction, c'est un simple pseudo-collectionnisme *par amusement*. On le retrouve assez souvent chez les débiles, appliqué à l'ornementation de leur costume ou à la conservation d'objets, par eux jugés artistiques. Dans cet ordre, on peut trouver tous les intermédiaires entre l'amateur le plus judicieux, et l'imbécile qui se plaît à garder et regarder des papiers surchargés de peintures grossièrement exécutées.

Dans une autre série de malades, on trouve des tendances à l'acquisition et à la conservation d'objets, d'une manière plus durable. Ces tendances sont vagues dans leur mobile et, surtout diffuses, dans leur réalisation, ou au contraire, comportant une certaine spécialisation dont on peut, en général, découvrir l'intention originale.

Dans ce dernier groupe, qui correspond au collectionnisme délirant de Courbon, nous observons des cas divers. Certains aliénés mettent en réserve ce qui pourra leur servir. Ainsi le personnel nous signale que *Auv.* (idiot), se met, assez souvent, à ramasser des bouts de papier dans la cour. Effectivement, nous en trouvons, dans ses poches, un certain nombre.

D. — Pourquoi les gardez-vous ?

R. — Pour allumer ma pipe.

D. — Vous les gardez ?

R. — Oh ! après je les jette, quand je ne m'en sers plus.

D. — Vous voulez les conserver ?

R. — Non.

De même *Mar.* (imbécile turbulent, analphabétique) en balayant la salle, ramasse divers objets que nous retrouvons dans ses poches. Nous lui demandons pourquoi il garde ces bouts de ficelles. « Pour réparer mes bretelles », répond-il, et le fait est confirmé. Quant aux bouts de papiers, nombreux, de dimensions très diverses, il déclare que « ça c'est pour aller aux cabinets ».

Ainsi, dans les cas comme ceux-ci, nous sommes en présence d'aliénés *prévoyants*, souvent méticuleux, économes, qui se livrent à un ramassage et un **entassement** utilitaires.

Assez voisin nous paraît encore l'entassement de *Ric.* (grand débile, sourd-muet, excité moteur). Il conserve soigneusement sur lui et avec lui, dans ses poches et dans une volumineuse serviette quantité de papiers. Il s'explique très volontiers sur ce sujet. Le cercle des idées qu'il exprime est très restreint et concerne les visites qu'il reçoit, ses sorties en permission et les menus faits du service. Tout cela est minutieusement consigné, prévu et indiqué, par lui, sur tous les papiers qu'il trouve ; il les conserve et les montre bien volontiers. L'ensemble constitue, pour lui un répertoire et un calendrier. Etant donnée sa surdi-mutité, il y trouve, immédiatement des moyens de communiquer avec son entourage, d'une façon même prolixe, et, en outre, des points de repère fixes pour sa mémoire dont il se méfie.

Donc, chez lui, nous ne trouvons pas de collectionnisme vrai, mais l'entassement *par précaution.*

Il est analogue, avec un but différent, une réalisation plus spécialisée, chez beaucoup de délirants systématiques. Pour eux, les coupures de journaux, les papiers qu'ils écrivent sont accumulés et conservés soigneusement en vue d'une démonstration plus péremptoire. Ce pseudo-collectionnisme *d'argumentation* est un fait assez fréquent de la part des interprétants.

On trouvera encore une forme d'entassement systématique, chez d'autres malades, délirants, chroniques, notamment persécutés, hallucinés. Elle représente ici la mise en œuvre de moyens matériels de défense dont la multiplication peut prendre les apparences d'une collection.

Ainsi, une malade, présentée par Dupain et Pruvost (1), outre ses réactions préservatrices plus banales, portait, sous ses vêtements, un très grand nombre de cartes à jouer. Celles-ci étaient destinées, en guise d'amulettes, à lui éviter toute une série d'hallucinations pénibles.

Dans ces cas, l'accumulation des objets a une fin

1. *Des moyens de défense chez les persécutés* (Soc. Clin. de Méd. ment., 17 mars 1913).

imposée par le système délirant, qui en conditionne le choix et le mode d'emploi rituel, particulier à chacun. Ce *pseudo-collectionnisme défensif* représente un moyen et non un but.

Il y a, au contraire, un groupe de cas où la recherche et la capture s'exécute sans choix ou, au moins, sans spécialisation justifiable. Ils concernent notamment des idiots et des déments ; on y trouve encore des degrés différents.

Chez certains aliénés, atteints d'imbécillité ou d'idiotie, on rencontre fréquemment le type dit du « chapardeur », qui saisit et dissimule tout ce qui passe à sa portée. On peut y voir l'affirmation de l'instinct de propriété, avec tendance au vol, sans motif, par perversion instinctive élémentaire. Quelquefois se retrouve une certaine électivité, notamment en ce qui concerne les objets brillants. *Mar.*, dont nous avons déjà parlé, à propos du pseudo-collectionnisme utilitaire, conserve aussi d'autres objets, tels qu'une boîte. « Ça, dit-il, c'est du fer, du fer blanc. Oui, c'est joli, ça brille ». Il a également un sou étranger dont il dit : « Oui, un jeton ; c'est joli. » Il élimine spontanément, lors de la visite de ses poches, tout ce qui n'est pas, à son avis, utilisable ou brillant. Il n'y a pas là de collectionnisme véritable, mais, semble t-il, le rudiment le plus élémentaire de l'activité esthétique, pour donner la clef de ce *ramassage*. Il pourrait être rapproché, ainsi que l'a indiqué Courbon (*loc. cit.*), du fait observé chez certains animaux, la pie notamment, qui enlèvent, sans utilité pour eux, de menus objets, le plus souvent brillants.

Enfin, dans le cours des états démentiels, on observe assez souvent des faits de pseudo-collectionnisme. En rapport avec la déchéance mentale, très précoce, des paralytiques généraux, il lui doit chez eux tous ses caractères. A la période médico-légale, il n'est pas rare de le voir s'accompagner de délits, de vols en particulier ; l'ensemble est démonstratif : « Avant l'acte, absence de motifs, de préparation ; pendant l'acte, absence de précautions, de honte ; après l'acte, absence de remords, insouciance, explications absurdes, inutilisation fréquente de l'objet (1). » Même en l'absence de gestes anti-sociaux de cet ordre, ces malades peuvent se livrer, pendant quelque temps, à un *pseudo-collectionnisme absurde*, qui détermine l'action publique. Tel est le cas cité par Achille Foville (2). « Ne dépensant presque rien pour lui-même, et vivant misérablement, il achetait, à tort et à travers, TOUTES SORTES D'OBJETS, sans aucune valeur ni utilité ». Ce qui entraîna le gaspillage de ses ressources, soit 10.000 francs de rentes (et cela se passait avant 1870), le recours à des emprunts successifs, d'où résultèrent deux saisies.

De tels faits d'achat et d'entassement absurdes sont fréquemment conditionnés par quelque idée délirante, de puissance et de richesse énormes. Mais

1. Dupré et Devaux, *la Médecine légale de la paralysie générale* in *Journ. méd. franç.*, 15 février 1914.
2. Ach. Foville, *Gaz. des Hôp.*, 22 février 1870.

l'erreur dans l'appréciation des moyens d'acquisition est loin d'être la seule ; chez le paralytique général on observe, tout aussi bien, d'autres troubles du jugement portant sur la valeur même des choses ; « il a des joies puériles, se pavane couvert d'oripeaux, collectionne une foule d'objets bizarres, qu'il croit être des pierres précieuses (1). »

De telles erreurs sont fréquentes dans les états démentiels et peuvent représenter des séquelles d'idées délirantes. La surestimation des brimborions n'est pas rare chez les vieux persécutés mégalomaniaques, atteints d'affaiblissement. Elle est d'une pauvre banalité dans sa traduction objective : il s'agit de morceaux de bois, de cailloux, de bouts de ficelle, « devenus des pierres précieuses, des objets d'art, des antiquités (2) ». Parfois, en rapport avec le souvenir d'un système délirant, transformés en attributs de royauté ou de divinité.

Le pseudo-collectionnisme démentiel, attaché à un résidu délirant, peut revêtir des formes imprévues, comme dans le cas rapporté par Leroy (3), sous le titre : *Curieux collectionnisme et moyens de protection chez une démente persécutée.*

Cette ancienne délibérante systématique, affaiblie, présentait du chiffonnage et du ramassage. Elle portait plus de 3 kilogrammes de ferraille dans ses poches. Elle fut privée de tout cela. Quelque temps après, à

1. Schüle, p. 345.
2. Leuret, p. 56.
3. Soc. médico-psychol., 31 oct. 1904.

l'occasion de pertes extrêmement fétides, le toucher fit découvrir dans le vagin « une boîte ronde en fer-blanc contenant : des cheveux roulés en forme de bague, de l'herbe, trois sous, un bout de tuyau de pipe, une bille, un bouton de manchette, une épingle à cheveux recourbée, des perles cousues dans un petit sac, un morceau de cuir, deux ou trois bouts de tôle, de la terre et un petit morceau de savon ». Malgré la surveillance, elle recommença et, au bout de trois mois, on retrouva à la même place, 11 objets divers et des chiffons. Plus tard, on retrouva, dans le rectum, un couteau et deux boîtes contenant une série d'objets analogues à ceux de la première.

Nous avons cité cette longue liste, parce que l'on peut avoir quelques doutes sur le mobile d'un entassement pareil. La malade le prétendait destiné à la défendre contre des hallucinations désagréables, ses persécuteurs voulant lui regarder entre les jambes. En fait, il était permis de lui supposer le désir de continuer à conserver ces objets, depuis qu'elle savait le contenu de ses poches surveillé.

Le besoin de sécurité et la tendance à amasser qui en résulte, traits accoutumés du vieillard, peuvent se retrouver, amplifiés et déformés, dans la *démence sénile*. Le sens de la précaution, l'aptitude à l'épargne donnent lieu à la conservation indistincte de tous objets. De tels individus ne veulent se séparer de rien et ne rejettent quoi que ce soit. Ils ne peuvent plus guère acquérir, par défaut d'activité, mais ils gardent tout. C'est ce que l'on pouvait observer chez une

dame âgée, qui antérieurement méticuleuse et poussée au classement, avait atteint un degré de parci-
monie extrême. Tout chez elle était minutieusement
rangé, étiqueté, en vue d'une utilisation possible ;
au moins primitivement. Car elle en était arrivée à ce
point que l'on trouva dans ses tiroirs, entre autres,
un paquet portant la mention : « Petits bouts de
ficelle ne pouvant servir à rien ».

A côté de cette épargne qui thésaurise en nature,
les avares, primitivement accapareurs de numéraire,
peuvent aboutir à la même rapacité généralisée.
C'est ce que nous voyons pour ce dément sénile
signalé par Dupré (1). Avare de longue date, vivant
sordidement, il amassait, outre les espèces et les
titres, toutes sortes d'objets inutiles, hétéroclites et
insignifiants, qu'il entassait dans un coffre-fort.

Dans ces cas, encore, nous ne retrouvons plus les
éléments de discrimination entre les objets, d'individualité conservée par chacun d'eux. L'habitude de
précaution, par le fait de l'affaiblissement psychique,
est devenue un *pseudo-collectionnisme par entassement.*

Il s'agit d'une véritable stéréotypie, à laquelle
s'applique très justement la critique de Dromard (2) :
« cet acte, qui se reproduit aujourd'hui, sans raison et
sans but, traduisait naguère des états psychiques, et
un examen rétrospectif peut faire découvrir, comme

1. *Les Mendiants thésauriseurs. Paris médical,* 5 oct. 1912.
2. *La mimique chez les aliénés.*

point de départ d'une manifestation, inexplicable actuellement, un passé idéo affectif qui lui tient lieu d'origine ».

Aux degrés les plus inférieurs de la démence, cette exégèse de la stéréotypie devient manifestement impossible. On ne peut expliquer, sans témérité, pourquoi telle forme d'action s'est fixée dans sa forme et sa persistance. Ainsi, nous trouvons des malades qui bourrent leurs poches de tout ce qu'ils trouvent, indistinctement, pour le garder ou le jeter avec la même insouciance. Ainsi *Klé*, (hébéphrénique gâteux, stéréotypé, passif) fourre dans ses poches tous les objets imaginables qu'il rencontre, dès qu'on le laisse levé. Lorsqu'on lui demande pourquoi, il répond : « Je ne sais pas », si on l'interroge sur leur valeur il ne fait aucun effort pour l'apprécier, et admet aussi volontiers que ce sont « des ordures ou du diamant ». Fait plus significatif, lorsqu'on lui parle simplement de les jeter, il le fait avec la même indifférence, dont il fera preuve, quelques minutes après, pour recommencer à ramasser dans la cour.

Ici le geste se rapproche des stéréotypies, en apparence, instinctives, comme le remarque également Dromard : « Chez un certain nombre de malades profondément affaiblis, nous avons pu constater des moments automatiques répétés qui paraissent répondre aux caractères mouvements automatiques de l'idiot : le balancement... et le collectionnisme » (p. 157). Sur le terme seul, nous nous écartons de cet auteur et considérons que de tels faits constituent bien plutôt un véritable *ramassage stéréotypé*.

Ces faits sont fréquents, ont frappé tous les observateurs, et conservent parfaitement leur valeur séméiologique. Ils concernent des aliénés déments, tels que les décrit F. Voisin, à propos de cette forme d'activité automatique (1).

« Dans les hospices,... sans faire de choix, et de distinction, sans but, sans utilité, sans intention, sans prévoyance, sans besoin, sans aucun de ces mobiles auxquels les idéologues ont voulu rapporter l'existence de ce sentiment, on les voit s'emparer de tout ce qui peut leur tomber sous la main : de la paille, des cailloux, des chiffons, des chandelles des manchettes, des cuillères, des sébilles, des bouchons, des petits morceaux de bois, etc, tout sert indistinctement à satisfaire l'activité de leur faculté innée et sans contre-poids. Voilà les faits positifs invariables. »

Pour la précision des termes, peut-être pourrait les qualifier non pas de collectionneurs, mais d'aliénés *ramasseurs* ou *collectionnistes*.

1. F. Voisin, *Analyse de l'entendement humain*, p. 253

CONCLUSIONS

1° Il nous apparaît que le goût de la collection est déterminé par les facteurs psychologiques suivants : acquisivité, activité désintéressée, émulation, tendance au classement.

Il se réalise, objectivement, pa   recherche de la série, du nombre, de la rareté.

Son origine, son développement, son extension passionnelle, ses réactions sociales sont fonctions de l'ensemble de composants, constitutionnels ou acquis, caractérisant chaque collectionneur.

Ainsi présenté, le collectionnisme peut être considéré comme un travers, qui traduit, tout au plus, une dysharmonie mentale, et reflète, dans son mode, la personnalité entière.

2° Pour certains dégénérés, à la faveur d'un déséquilibre psychique constitutionnel, les mêmes tendances revêtent une apparence spéciale et réalisent la collectionnomanie.

3° Chez divers types d'aliénés, on observe, à titre de symptôme passager ou durable, des faits de pseudo-collectionnisme. Celui-ci, électif ou diffus, représente des formes d'activité variées : précaution, épargne, accumulation, réaction délirante, stéréotypie, impulsion instinctive.

Les collectionnistes sont presque toujours des aliénés chroniques ou déments.

4° Chemin faisant, nous nous sommes appliqué à envisager les conséquenses médico-légales qui résultent de cet essai de classification : responsabilité, complète pour les collectionneurs, largement atténuée chez les collectionnomanes ; irresponsabilité des collectionnistes.

Vu : le Président de la thèse,
DUPRÉ

Vu : le Doyen
ROGER

Vu et permis d'imprimer
Le Recteur de l'Académie de Paris,
P. APPELL

BIBLIOGRAPHIE

1. *Asselineau.* — L'enfer du Bibliophile. Paris, Tardieu, 1840.
2. *Aynard.* — L'Amour des Livres et la Lecture, 1911.
3. *Azam.* — Entre la raison et la folie. Les Toqués, 1891.
4. *Baillarger.* — Recherches sur les Maladies mentales. Paris, Masson, 1890, ch. X.
5. *Ball.* — La Folie érotique.
6. — Leçons sur les Maladies mentales.
7. *Bollioud-Mermet.* — De la Bibliomanie, 1866.
8. *Belmont.* — Le Livre et l'Amour, 1905.
9. *Blanc.* — Le Trésor de la curiosité, 1857-58.
10. *Bonnaffé.* — Physiologie du Curieux. Paris, Martin, 1881.
11. — Causeries sur l'Art et la Curiosité. Paris, Quantin, 1878.
12. — Les Collectionneurs de l'Ancienne Rome, 1867.
13. — Les Collectionneurs de l'Ancienne France. Paris, Aubry. 1873.
14. — Etudes sur l'Art et la Curiosité. Paris (Soc. Franç. d'Ed. d'Art, 1902).
15. *Bouvery.* — L'Ancien. Etudes sur la curiosité, 1912.
16. *Bontemps (Gérard).* — La Galerie des Curieux, 1873.
17. *Bontemps.* — Du vol dans les Grands Magasins et à l'étalage. Thèse de Lyon, 1894-95.
18. *Boyer de Sainte-Suzanne.* — Notes d'un Curieux, 1878.
19. *Britsch.* — Notes et aperçus sur Mme de Genlis.
20. *Broussais.* — De l'Irritation et de la Folie. Paris, Baillère, 1839, t. I, sect. 4.

H. Codet

21. *Bury (de)*. — Philobiblion, 1343. Trad. Cocheris, 1856.

22. *Calmeil*. — De la Folie. Paris, Baillère, 1845, t. I.

23. *Chalas*. — Le Livre. Châlon-sur-Saône, 1877.

24. *Champfleury*. — L'Hôtel des Commissaires-Priseurs. Paris, Dentu, 1867.

25. — Les gens singuliers.

26. *Chaslin*. — Eléments de Séméiologie et Clinique mentales. Paris, Asselin, 1912.

27. *Cim*. — Petit manuel de l'Amateur de Livres. Paris, Flammarion, 1908.

28. — Amateurs et Voleurs de Livres, 1903.

29. *Clément de Ris*. — Les Amateurs d'Autrefois. Paris, Plon, 1877.

30. *Courbon (P.)*. — Séméiologie de la mise des Aliénés (Encéphale, n°s 10-12, décembre 1919).

31. *Culerre*. — Les Frontières de la Folie, 1888.

32. *Dallemagne*. — Dégénérés et Déséquilibrés. Bruxelles, Lamertin, 1894.

33. *Demmin*. — Souvenirs de voyage et causeries d'un collectionneur. Paris, Renouard, 1864.

34. *Dodeman*. — Le long des Quais. Paris, édit. Gallus.

35. *Dromard*. — La Mimique chez les Aliénés. Paris, Alcan, 1909.

36. *Dubuisson*. — Les Voleuses des Grands Magasins. Th.

37. *Dupré*. — Les Aliénés thésauriseurs (Presse médicale, 1912, n° 45).

38. *Dupré et Devaux*. — La Médecine légale de la Paralysie générale (Journal médical français, février, 1914).

39. *Esquirol*. — Des Maladies mentales, p. 1838.

40. *Eudel*. — L'Hôtel Drouot et la Curiosité. Paris, Charpentier, 1881-1888.

41. — Collections et Collectionneurs.

42. *Falret (J.-P.)*. — Des Maladies mentales et des Asiles d'aliénés. Paris, Baillière, 1864.

43. *Falret (J.)*. — Obsession. Rapp. au Congr. internat. de Médecine mentale. Paris, 1887.

44. — Etude clinique des Maladies mentales et nerveuses, 1890.

45 — Les Aliénés et les Asiles d'aliénés, 1890.

46. *Féré.* — Pathologie des Emotions. Alcan, 1892.

47. *Feuillet de Conches.* — Causeries d'un Curieux. Paris, Plon, 1862.

48. *Fontaine de Resbecq (de).* — Voyages littéraires sur les quais de Paris. Paris, Furnes, 1864.

49. *Fertiault.* — Les Amoureux du livre. Claudin, 1877.

50. *Franklin.* — Les Magasins de nouveautés. Plon, 4 vol.

51. *Garnier.* — Les Fétichistes pervertis et invertis sexuels. Paris, 1896.

52. *Gay.* — Quelques femmes bibliophiles, 1875.

53. *Georget.* — De la Folie. Paris, Crevot, 1820.

54. *Ginisty.* — Le Dieu Bibelot. Paris, Dupret, 1884.

55. *Guislain.* — Leçons orales sur les phrénopathies. Gand, Vanderhægen, 1880.

56. *Imbert.* — Contribution à l'étude de la Responsabilité dans l'absence du sens moral.

57. *Jacob.* — Réforme de la Bibliothèque du Roi. Paris, Techener, 1845.

58. — Les Amateurs de vieux livres. Paris, Rouveyre, 1880.

59. *Janet.* — Obsession et Psychasthénie.

60. — Névroses et idées fixes. Paris, Alcan, 1898.

61. *Janin.* — L'amour des livres. Paris, 1866.

62. *J. C. L. M.* — Manuel de l'Amateur d'Estampes. Paris, Foucault, 1821.

63. *Jenna.* — Mes amis et mes livres, 1883.

64. *Josse-Sacré.* — Les Mystères des Bandes noires. Bruxelles, Josse-Sacré, 1866.

65. *Juquelier et Vinchon.* — Les limites du vol morbide. Alcan, 1914.

66. *Krafft-Ebing.* — Traité clinique de Psychiâtrie.

67. — Psychopathia sexualis. Paris, Masson, 1895.

68. *Labédollière (de).* — Histoire des Environs du Nouveau Paris. Paris, Parba, 1862.

69. *Labessade*. — L'amour du Livre, 1904.

70. *Lacombe*. — Bibliographie parisienne. Paris, Rouquette, 1887.

71. *Larbaud*. — Questions militaires in Les Cahiers d'aujourd'bui, n° 2, janvier 1921.

72. *Lasègue*. — Etudes médicales, le Vol aux Etalages. Paris, Asselin, 1884.

73. *Le Calvé*. — Le vol au début de la Paralysie générale. Th. Bordeaux, 1903-1904,

74. *Lecocq*. — Utilité des collections, 1874.

75. *Legrand du Saulle*. — Le Délire des Persécutions.

76. *Le Petit*. — L'art d'aimer les livres et de les connaître. Paris, 1884. Ch. l'auteur.

77. *Lescure (de)*. — Les autographes et le goût des antographes en France et à l'étranger. Paris, Gay, 1865.

78. *Leuret*. — Fragments psychologiques sur la Folie. Paris, Crochard, 1834.

79. *Lorenz*. — Catalogue général de la Librairie Française et suite, 1840-1921.

80. *Luys*. — Traité clinique et pratique des Maladies mentales, 1881.

81. *Magnan*. — Recherches sur les centres nerveux. Paris, Masson, 1893.

82. *Maillard*. — Les Passionnés du Livre. Paris, Rondeau, 1896.

83. *Marc*. — De la Folie considérée dans ses Rapports avec les questions médico-judiciaires. Paris, 1840.

84. *Marcé*. — Folie des Femmes enceintes.

85. — Traité pratique des Maladies mentales. Paris, Baillère, 1892.

86. *Marie (A.)*. — Etudes sur quelques symptômes des délires systématisés et sur leur valeur. Paris, 1892.

87. *Martin*. — L'Odyssée d'un Bibliognoste, 1892.

88. *Maze Sencier*. — Le livre des Collectionneurs. Paris, Renouard, 1885.

89. *Mérite*. — Un berger collectionneur, in Saint Hubert Club Illustré, novembre 1920.

90. *Milès (Roger)*. — Les gaîtés d'un pessimiste. Paris, Flammarion, 1895.
91. *Molay-Bacon (L. du)*. — Trouvailles et Bibelots, 1880.
92. *Moreau* (de Tours). — La Psychologie morbide. Paris, Masson, 1859.
93. — Des aberrations du sens génésique. Paris, Asselin, 1880.
94. *Moreau*. — Les Excentriques, 1894.
95. *Nodier*. — Le Bibliomane in Le Livre des Cent et Un. Paris, Ladvocat, 1831.
96. — L'Amateur de Livres in Les Français peints par eux-mêmes. Paris, Curmer, 1841.
97. — Le Bibliomane, 1893.
98. *Parchappe*. — De la Folie.
94. *Parant*. — La raison dans la Folie. Paris, Doin, 1888.
100. *Peignot*. — Recherches sur les Autographes, 1861.
101. *Pelissier*. — De l'amour des Livres, 1889.
102. *Philomneste junior*. — La Bibliomanie en 1883. (Bordeaux, Moquet, 1884).
103. *Pichon*. — Bibliophiles et Relieurs, 1907.
104. *Piedagnel*. — Un bouquiniste parisien. Le père Lécureux. Paris, Rouveyre, 1878.
105. *Piot*. — Le Cabinet de l'Amateur, 1861.
106. *Queyrat*. — L'émulation et son rôle dans l'éducation. Paris, Alcan, 1919.
107. — La curiosité. Paris, Alcan, 1920.
108. *Régis*. — Précis de Psychiâtrie.
109. *Renaudin*. — Etude médico-psychologique sur l'Aliénation mentale.
110. *Renauldin*. — Médecins numismatistes. Paris, Baillère, 1851.
111. *Richard*. — L'art de former une Bibliothèque. Rouveyre et Blond. Paris, 1883.
112. *Ris-Paquot*. — Annuaire artistique des collectionneurs. Paris, Simon, 1883.
113. *Rochefort*. — Les Petits Mystères de l'Hôtel des Ventes. Paris, Rouff.

114. *Rogues de Fursac*. — L'avarice. Paris, Alcan, 1911.

115. *Sautis (de)*. — Collezionismo et impulsi collezionisti (Boll. della Soc. Lancigiana degli ospedali di Roma, 1897).

116. *Schüle*. — Traité clinique des Maladies mentales, 1888.

117. *Séglas*. — Séméiologie, in Traité Gilbert Ballet, 1903.

118. *Semelaigne*. — Etudes historiques sur l'Aliénation mentale.

119. *Sollier*. — Guide pratique des Maladies mentales

120. *Soubourou*. — De la Psychologie des Voleuses dans les Grands magasins. Th. Bordeaux, 1903-1904.

121. *Tardieu*. — Etude médico-légale sur la Folie. Paris, Baillière, 1872.

122. *Trélat*. — La Folie lucide, 1861.

123. *Uzanne*. — Caprices d'un Bibliophile. Paris, Rouveyre, 1898.

124. *Van den Corput*. — Collectionneurs et Collections, 1897.

125. *Vielcastel (Cte H. de)*. Les Collectionneurs in les Français peints par eux-mêmes. (Curmer, 1841.

126. *Voisin (Aug.)*. Leçons cliniques sur les Mal. mentales, 1883.

127. *Voisin (F.)*. — Analyse de l'entendement humain.

128. *Warnod*. — La Brocante et les petits marchés de Paris. Paris, Figuière, 1914.

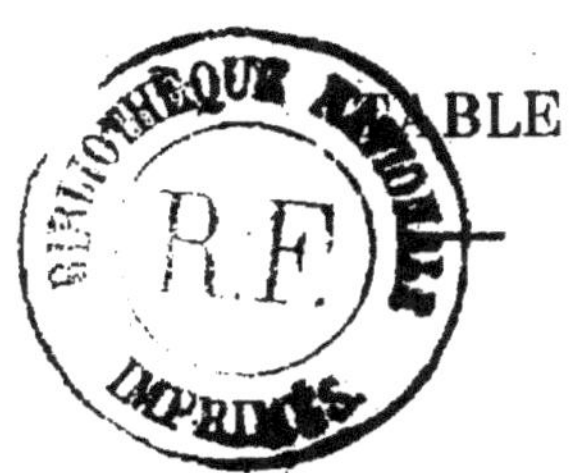

TABLE

Imp. de la Faculté de Médecine, 15, rue Racine, Paris — 5158-21